was...?

»Man siehet daraus: die erste Vorsorge der Natur sei gewesen, daß der Mensch, als ein Tier, vor sich und seine Art erhalten werde; und hiezu war diejenige Stellung, welche seinem inwendigen Bau, der Lage der Frucht und der Erhaltung in Gefahren am gemäßesten ist, die vierfüßige, daß in ihm aber auch ein Keim der Vernunft gelegt sei, wodurch er, wenn sich solcher entwickelt, vor die Gesellschaft bestimmt ist, und vermittelst deren er vor beständig die hiezu geschickteste Stellung, nämlich die zweifüßige annimmt, wodurch er auf einer Seite unendlich viel über die Tiere gewinnt, aber auch mit den Ungemächlichkeiten vorlieb nehmen muß, die ihm daraus entspringen, daß er sein Haupt über seine alte Kameraden so stolz erhoben hat.«

Immanuel Kant: Rezension zu Peter Moscati: Von dem körperlichen wesentlichen Unterschiede zwischen der Struktur der Tiere und Menschen.

Lateinische Bezeichnung	Deutsche Übersetzung	Merkmal	Eingeführt von
Homo habilis	geschickt	Geschicklichkeit	Leakey 1964
Homo erectus	aufrecht	aufrechter Gang, Zweibeinigkeit (Bipedie)	Dubois 1892
Homo sapiens	verständig, einsichtsvoll	Verstand, Vernunft, bis hin zum Homo sapiens sapiens (u.a. Cro-Magnon) animal rationale = zoon logon echon animal rationabile = der Vernunft (immerhin) fähig	Linné 1758 Aristoteles Kant 1798
Homo insipiens	unwissend	Ungewissheit	Ortega y Gasset
Homo demens	verrückt	einziges Wesen mit Wahnideen	Morin
Homo inermis	wehrlos	Mängelwesen, schutzlos, instinktverlassen	Blumenbach, Herder, Gehlen
Homo faber	Handwerker, Schmied	Schaffen und Gestalten, Werkzeugherstellung und -gebrauch	Franklin, Marx, Oakley, Frisch
Homo creator	Schöpfer	Schöpfertum und Kreativität	Mühlmann
Homo pictor	Maler	Künstler, ästhetische Gestaltung	Jonas
Homo symbolicus		Herstellung, Deutung und Gebrauch von Symbolen	Cassirer
Homo loquens	sprechend	Sprache	Sprachphilosophie
Homo loquax	geschwätzig	überflüssiges Reden	Bergson
Homo grammaticus		Grammatik verwendend, doppelte Gliederung der Sprache	Palmer
Homo excentricus		Fähigkeit zu objektivieren, über sich selbst nachzudenken	Plessner
Homo ludens	spielend	Spiel	Huizinga
Homo investigans	erforschend	lebenslange Neugier, Wissenschaft und Forschung	Luck
Homo ridens	lachend	Lachen, Witz, Humor	Milner
Homo metaphysicus		Metaphysik, Jenseits	Schopenhauer
Homo religiosus		Religion, Gott, »das betende Tier«	Hardy
Homo patiens	leidend	Erleiden und Deuten von Krankheiten	Frankl
Homo laborans	arbeitend	Arbeit, Arbeitsteilung, Spezialisierung	Marx, Litt
Homo oeconomicus	wirtschaftend	Kosten-Nutzen-Rechner, Wirtschaft, Geld	McKenzie, Tullock
Homo politicus	politisch	zoon politikon, animal sociale, geselliges Wesen, Normen, Recht, Gesetz, Institutionen	Aristoteles
Homo sociologicus		Menschenbild der Sozialwissenschaften	Dahrendorf

Was ist

Was ist der ....

DDeeffiinniittiioonn

Ein Hund
der stirbt
und der weiß
daß er stirbt
wie ein Hund

und der sagen kann
daß er weiß
daß er stirbt
wie ein Hund
ist ein Mensch

Erich Fried

Was ist der MENSCH?

In der Anthropologie heißt die von der Neuzeit entdeckte eigentümliche Freiheit des Menschen, über alle vorfindliche Regelung seines Daseins hinauszufragen und hinwegzuschreiten, seine ›Weltoffenheit‹. Dieser Ausdruck soll mit einem Wort den Grundzug angeben, der den Menschen zum Menschen macht, ihn vom Tier unterscheidet und ihn über die außermenschliche Natur überhaupt hinaushebt (...) Was aber ist mit ›Weltoffenheit‹ gemeint?

Zunächst geht es hier (...) um den Unterschied von Mensch und Tier. Man sagt, der Mensch hat Welt, während jede Tierart auf eine erblich festgelegte, arttypische Umwelt beschränkt ist. Nach allem, was wir wissen, nehmen Tiere ihre Umgebung nicht in der reichen Fülle wahr, in der sie uns erscheint. Tiere bemerken von ihrer Umgebung nur das, was für ihre Art triebwichtig ist. Alles Übrige dringt gar nicht in ihr Bewusstsein. Die Weite oder Enge, Einfachheit oder Kompliziertheit der Umwelt ist natürlich bei den einzelnen Tierarten sehr verschieden. Aber von allen gilt, dass ihr Verhalten umweltgebunden ist. Bestimmte Merkmale der Umgebung wirken wie Signale und lösen ein Verhalten aus, das in seinem Grundbestand nicht erst erlernt zu werden braucht, sondern angeboren ist (...) Bei gewissen primitiven Arten besteht die Umwelt nur aus sehr wenigen Merkmalen. So hat, um ein einfaches Beispiel zu nennen, die Zecke nur drei Sinne: Lichtsinn, Geruchssinn, Temperatursinn. Mit Hilfe des Lichtsinns ihrer Haut findet sie den Weg auf einen Ast. Geruchssinn und Temperatursinn melden ihr, wenn ein warmblütiges Tier sich unter dem Ast befindet. Auf dieses Signal hin läßt sich die Zecke fallen, um dem Tier das Blut abzusaugen. Das ist die Umwelt der Zecke. Augen, Ohren, Geschmack besitzt sie nicht. Sie bedarf ihrer auch nicht (...)

Der Mensch ist nicht umweltgebunden, sondern weltoffen. Das heißt: Er kann immer neue und neuartige Erfahrungen machen, und seine Möglichkeiten, auf die wahrgenommene Wirklichkeit zu antworten, sind nahezu unbegrenzt wandelbar. Das entspricht bis in die Einzelheiten hinein dem Besonderen der menschlichen Leiblichkeit. So sind unsere Organe im Vergleich zu denen der Tiere kaum spezialisiert, dafür aber – wie etwa die Hand – erstaunlich vielseitig. Der Mensch kommt im Vergleich zu anderen Säugetieren viel zu früh und unfertig zur Welt, und er bleibt für eine lange Jugendzeit bildsam (...) Die tierisches Verhalten steuernden Instinkte sind beim Menschen weitgehend zurückgebildet, nur noch in Resten vorhanden. Dies hat nun sehr einschneidende Folgen für das Ganze unserer Daseinserfahrung und unseres Verhaltens: Weil die Richtung seiner Antriebe nicht von vornherein festliegt, darum ist der Blick des Menschen auf die Wirklichkeit eigentümlich offen (...) Es ist spezifisch menschlich, neugierig bei den Dingen zu verweilen, von ihrer Seltsamkeit und Eigenart in gleichsam atemlosem Interesse benommen zu sein (...) Ursprünglich und immer wieder aber ist er so benommen von der aufregenden Fremdheit der Dinge um ihn her, dass er von ihnen her sich selbst mit ganz anderen Augen, wie ein fremdes Wesen, betrachten lernt. Erst von der Welt her erfährt der Mensch sich selbst, indem er seinen eigenen Leib in bestimmten Zusammenhängen mit den anderen Dingen vorfindet. Darum ist die Erforschung der Welt der Weg, den der Mensch einschlagen muss, um seine Bedürfnisse kennenzulernen und um sich darüber klar zu werden, worauf er selbst eigentlich hinaus will. Nur auf dem Umweg über die Welterfahrung vermag er seine zunächst richtungslosen Antriebe zu orientieren, legt er sich Interessen und Bedürfnisse zu. Und mit fortschreitender Erfahrung werden die Bedürfnisse selbst verwandelt. Nur auf diesem mühevollen Weg kann der Mensch versuchen, Klarheit über sich selbst zu gewinnen (...)

Durch seine Weltoffenheit ist dem Menschen eine viel größere Mannigfaltigkeit von Eindrücken zugänglich als jedem Tier. Solcher Vielfalt stehen die Menschen ursprünglich und faktisch immer wieder hilflos gegenüber. Das ist die Ursituation des Menschen in der Welt, besonders die des Kindes. Darum ist es als Erstes nötig, sich zu orientieren, eine Übersicht zu gewinnen. Diese Aufgabe der Orientierung wird nun auf eine sehr bemerkenswerte, für alles menschliche Verhalten charakteristische Weise gelöst: Während die Tiere durch ihre Organe die Eindrücke sozusagen filtern, sodass nur ganz wenige davon ihr Bewusstsein erreichen, vermehrt der Mensch die Vielfalt der Welt noch durch eigene Schöpfungen. Im Umgang mit seiner Umgebung baut er sich immer eine eigene, künstliche Welt auf, um durch sie die Vielfalt der auf ihn einstürmenden Sensationen zu bändigen (...)

Wolfhart Pannenberg

keine Heimat?

gesichter sehen verbittert aus
kein lachen, kein ähnlicher laut, mienen gefrorn
vom ehrgeiz getrieben, schmal der mund
züge verhärmt, ungesund, traurig uniform
zähne knirschen durch die luft
irgendwer um hilfe ruft, das gehör ausgehängt
der schere im kopf den schneid geschenkt

    die seele verhökert, alles sinnentleert
    keine innere heimat, keine heimat mehr

banker schichten schweißgebadet geld
freiheit, die nichts mehr zählt, dem falschen traum vertraut
scheine bewacht, herzinfarkt
auf körpern übernachtet und versagt, ausgelaugt
blick zum boden, kein kontakt
die schwächsten abgehakt, mit sich selbst unversöhnt
sich um asyl gebeten, abgelehnt

die seele verhökert, alles sinnentleert
keine innere heimat, keine heimat mehr

überreiztes geschrei nach neuer moral
jagd nach sensationen,
jeder preis wird bezahlt
jeder gegen jeden, hauptsache es knallt

die seele verhökert, alles sinnentleert
keine innere heimat, keine heimat mehr.

Herbert Grönemeyer

Indonesisch: **kampung hataman** · Isländisch: **átthagar** · Italienisch: **patria** · Schwedisch: **hembygd**

FRAGE

6/B

Spanisch: **patria** · Französisch: **patrie** · Englisch: **native country** · Lateinisch: **patria** · Tschechisch: **domov**

1 Wenn Sie sich in der Fremde aufhalten und Landsleute treffen: befällt sie dann **Heimweh** oder dann gerade nicht?

2 Hat **Heimat** für Sie eine Flagge?

3 Worauf könnten Sie eher verzichten:
a. auf Heimat?
b. auf Vaterland?
c. auf die Fremde?

4 Was bezeichnen Sie als Heimat:
a. ein Dorf?
b. eine Stadt oder ein Quartier darin?
c. einen Sprachraum?
d. einen Erdteil?
e. eine Wohnung?

5 Gesetzt den Fall, Sie wären in der Heimat verhaßt, könnten Sie deswegen bestreiten, daß es Ihre Heimat ist?

6 Was lieben Sie an Ihrer Heimat besonders?
a. die Landschaft?
b. daß Ihnen die Leute ähnlich sind in ihren Gewohnheiten, d.h., daß Sie sich den Leuten angepaßt haben und daher mit Einverständnis rechnen können?
c. das Brauchtum
d. daß Sie dort ohne Fremdsprache auskommen?
e. Erinnerungen an die Kindheit?

7 Haben Sie schon Auswanderung erwogen?

8 Welche Speisen essen Sie aus Heimweh (z.B. die deutschen Urlauber auf den Kanarischen Inseln lassen sich täglich das Sauerkraut mit dem Flugzeug nachschicken) und fühlen Sie sich dadurch in der Welt geborgener?

9 Gesetzt den Fall, Heimat kennzeichnet sich für Sie durch waldiges Gebirge mit Wasserfällen: rührt es Sie, wenn Sie in einem andern Erdteil dieselbe Art von waldigem Gebirge mit Wasserfällen treffen, oder enttäuscht es Sie?

10 Warum gibt es keine **heimatlose** Rechte?

11 Wenn Sie die Zollgrenze überschreiten und sich wieder in der Heimat wissen: kommt es vor, daß Sie sich einsamer fühlen gerade in diesem Augenblick, in dem das Heimweh sich verflüchtigt, oder bestärkt Sie beispielsweise der Anblick von vertrauten Uniformen (Eisenbahner, Polizei, Militär usw.) im Gefühl, eine Heimat zu haben?

12 Wieviel Heimat brauchen Sie?

13 Wenn Sie als Mann und Frau zusammenleben, ohne die **gleiche Heimat** zu haben: fühlen Sie sich von der **Heimat des andern** ausgeschlossen oder befreien Sie einander davon?

14 Insofern Heimat der landschaftliche und gesellschaftliche Bezirk ist, wo Sie geboren und aufgewachsen sind, ist Heimat unvertauschbar: sind Sie dafür dankbar?

15 Wem?

16 Gibt es Landstriche, Städte, Bräuche usw., die Sie auf den heimlichen Gedanken bringen, Sie hätten sich für eine andere Heimat besser geeignet?

BOGEN

Was macht Sie **heimatlos**:
a. Arbeitslosigkeit?
b. Vertreibung aus politischen Gründen?
c. Karriere in der Fremde?
d. daß Sie in zunehmendem Grad anders denken als die Menschen, die den gleichen Bezirk als Heimat bezeichnen wie Sie und ihn beherrschen?
e. ein Fahneneid, der mißbraucht wird?

Haben Sie eine **zweite Heimat**?
Und wenn ja:

Können Sie sich eine **dritte und vierte Heimat** vorstellen oder bleibt es dann wieder bei der ersten?

Kann Ideologie zu einer Heimat werden?

Gibt es Orte, wo Sie das Entsetzen packt bei der Vorstellung, daß es für Sie die Heimat wäre, z.B. Harlem, und beschäftigt es Sie, was das bedeuten würde, oder danken Sie dann Gott?

Empfinden Sie die Erde überhaupt **heimatlich**?

Auch Soldaten auf fremdem Territorium fallen bekanntlich für die Heimat: wer bestimmt, was Sie der Heimat schulden?

Können Sie sich überhaupt ohne Heimat denken?

Woraus schließen Sie, daß Tiere wie Gazellen, Nilpferde, Bären, Pinguine, Tiger, Schimpansen usw., die hinter Gittern oder in Gehegen aufwachsen, den Zoo nicht als Heimat empfinden?

Max Frisch

Ungarisch: **szülöföld** · Türkisch: **(ana)yurt** · Portugiesisch: **pátria** · Niederländisch: **geboorteland**

Der alte Schulfreund, der zu Besuch gekommen war, bewunderte die Wohnung, blieb am Lese-Sofa stehen, nahm ein Buch, das dort lag, in die Hand und las laut den Titel: »Reinkarnation. Beweise aus Indien für das Leben nach dem Tod«, legte das Buch wieder hin und fragte spitz: »Ich dachte, du warst mal mit mir in der katholischen Jugend?« Der Hausherr nahm die Bemerkung sehr ernst auf: »Weißt du, ich trage eine Schweizer Uhr, ich habe italienische Schuhe an, eine englische Jacke und amerikanische Hemden, mein Computer ist aus Japan und mein Auto zufällig aus Deutschland. Soll ich da meine Glaubensüberzeugungen alle nur und ausschließlich aus Rom beziehen?« – »Vielleicht nicht aus Rom«, wandte sein Jugendfreund ein, »aber aus Jerusalem, direkt aus der biblischen Quelle also, das wäre doch auch ein Vorschlag!« – »Genügt mir nicht, ich nehme die Meditation aus Japan, den Gedanken der Wiedergeburt, wie du siehst, aus dem Hinduismus, und die Liebe zur Natur von den Indianern. Immer vom Feinsten, ohne dass ich unsere gute alte Bibel irgendwie als provinziell empfinde. Aber meine Wahlfreiheit geht mir, entschuldige, über alles.«

Wir verlassen die Freunde und stellen nur fest: Ein starres Glaubensbekenntnis, das man auch noch vorgeschrieben bekommt, das erscheint den meisten Menschen heute ganz unzeitgemäß. Man stellt sich nicht nur am Fernseher sein Programm selbst zusammen, indem man mit der Fernbedienung darüber entscheidet, was einen fesselt und was einen nicht mehr interessiert. Man springt. Seit uns auch in Glaubensfragen alle Türen offen stehen, sind wir von der Vorstellung besessen, durch alle gleichzeitig gehen zu wollen.

Auf dem spirituellen Wochenendseminar ist die Vorstellungsrunde vorbei, eine Studentin geht auf einen Mann, er mag vierzig sein, zu und sagt: »Wir kennen uns doch, du warst doch auch schon mal bei den Exerzitien in moslemischer Mystik dieses Sufi-Meisters, du weißt schon. Und jetzt treffen wir uns hier bei einem sibirischen Schamanen ... Ich nehme an, du bist auch auf dem religiösen Trip, oder?« Der Mann lächelt vergnügt, das tut er immer. Und er verrät noch nicht, dass ihn fast nur Neugierde in diese absonderlichen religiösen Erfahrungsgruppen treibt. Er pflegt darüber in Zeitschriften elegante Reportagen zu schreiben, einfühlsame, aber kühl-distanzierte Berichte. Eigentlich ist er Arzt, aber er mochte sich ungern niederlassen und an eine Praxis binden; er geht nur befristete Engagements ein und macht Vertretungen. Auch bei religiösen Abenteuerreisen in sein Inneres legt er sich nicht fest, bleibt ein faszinierter, aber ironischer Beobachter. Der »Gott in vielerlei Gestalt«, dem er dabei von fern begegnet, ist für ihn ein Wild, dem er wie ein Jäger nachstellt.

Wir schütteln den Kopf, wenn wir lesen, dass in Japan viele Brautpaare nach europäischer Art »in Weiß« heiraten wollen und manche auch noch darauf bestehen, es müsse ein christlicher Priester oder Pfarrer sein, der sie traut. Selbst sind sie keine Christen, aber sie wollen den größten Pomp und die höchste Feierlichkeit, mit der man sich die Treue auf dieser Welt versprechen kann. Machen wir es so ganz anders?

Eike Christian Hirsch

Der Mensch lebt noch überall in der Vorgeschichte, ja alles und jedes steht noch vor der Erschaffung der Welt, als einer rechten. Die wirkliche Genesis ist nicht am Anfang, sondern am Ende, und sie beginnt erst anzufangen, wenn Gesellschaft und Dasein radikal werden, das heißt, sich an der Wurzel fassen. Die Wurzel der Geschichte aber ist der arbeitende, schaffende, die Gegebenheiten umbildende und überholende Mensch. Hat er sich erfasst und das Seine ohne Entäußerung und Entfremdung in realer Demokratie begründet, so entsteht in der Welt etwas, das allen in die Kindheit scheint und worin noch niemand zu Hause war: Heimat.

Ernst Bloch

Russisch: ро́дина · Syrisch: بيت أهل · Indonesisch: **kampung hataman** · Isländisch: **átthagar**

Woran Du Dein Herz hängst

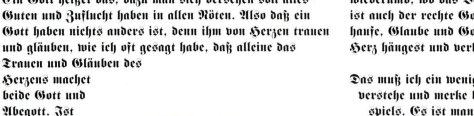

Was heißt ein Gott haben oder was ist Gott? Antwort: Ein Gott heißet das, dazu man sich versehen soll alles Guten und Zuflucht haben in allen Nöten. Also daß ein Gott haben nichts anders ist, denn ihm von Herzen trauen und gläuben, wie ich oft gesagt habe, daß alleine das Trauen und Gläuben des Herzens machet beide Gott und Abegott. Ist der Glaube und Vertrauen recht, so ist auch Dein Gott recht, und wiederümb, wo das Vertrauen falsch und unrecht ist, da ist auch der rechte Gott nicht. Denn die zwei gehören zuhaufe, Glaube und Gott. Worauf Du nu (sage ich) Dein Herz hängest und verlässest, das ist eigentlich Dein Gott.

Das muß ich ein wenig grob ausstreichen, daß man's verstehe und merke bei gemeinen Erempeln des Widerspiels. Es ist mancher, der meinet, er habe Gott und alles gnug, wenn er Geld und Gut hat, verläßt und brüstet sich drauf so steif und sicher, daß er auf niemand nichts gibt. Siehe, dieser hat auch einen Gott, der heißet Mammon, das ist Geld und Gut, darauf er alle sein Herz setzet, welchs auch der allergemeinest Abgott ist auf Erden. Wer Geld und Gut hat, der weiß sich sicher, ist fröhlich und unerschrocken, als sitze er mitten im Paradies, und wiederümb, wer keins hat, der zweifelt und verzagt, als wisse er von keinem Gott. Denn man wird ihr gar wenig finden, die guts Muts seien, nicht trauern noch klagen, wenn sie den Mammon nicht haben; es klebt und hängt der Natur an bis in die Gruben.

Also auch, wer darauf trauet und trotzet, daß er große Kunst, Klugheit, Gewalt, Gunst, Freundschaft und Ehre hat, der hat auch einen Gott, aber nicht diesen rechten einigen Gott. Das siehest Du abermal dabei, wie vermessen, sicher und stolz man ist auf solche Güter und wie verzagt, wenn sie nicht furhanden oder entzogen werden.

Darümb sage ich abermal, daß die rechte Auslegung dieses Stücks sei, das ein Gott haben heißet etwas haben, darauf das Herz gänzlich trauet.

Martin Luther, Großer Katechismus,
Erklärung des 1. Gebots

Ich Möchtegern

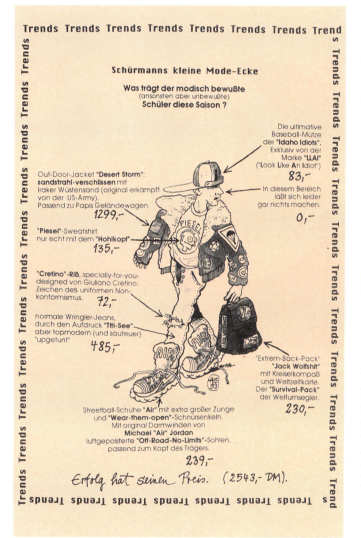

Ich Möchtegern

Ich möcht' so gern ... Nein, nicht, was Sie wieder meinen. Und auch bei Sunium möcht ich nicht gern landen oder ein Seeheld sein, was bekanntlich Hölderlins Herzenswünsche waren. Sondern ich möchte gern ein Möchtegern sein. Dann gäbe es wenigstens hin und wieder jemand, der auf mich hereinfällt und mich für voll nimmt. Aber mir fehlen einfach alle Attribute der Wichtigkeit. Nicht nur das: Der Drang nach Selbstdarstellung selbst – heute wichtiger denn je – geht mir ganz ab. Neulich in der Marktgasse begegneten mir zwei junge Männer, die Werbezettel für ein Fitness-Center verteilten. Das Wichtige: Sie führten ein schnurloses Telefon mit sich, in das der eine gerade lautstark sprach. Ja, dachte ich still bei mir, wer da mittun könnte. Aber, wer soll einen wie mich schon anrufen? In Neu-Isenburg bei Frankfurt gibt es ja jetzt eine Agentur »Rent-A-Call«, die zur Aufwertung ihrer Kunden wichtige Anrufe für diese simuliert. Man wird aus Konferenzen herausgerufen oder muss das Tennismatch unterbrechen und so tun, als ob. Mein Problem: Ich sitze nie in Konferenzen. Ich spiele auch nicht Tennis. Viel schlimmer: Ich werde schon rot, wenn mich die zarte Bedienung im romantischen Treffpunktcafé bloß fragt, was ich denn trinken möchte. Unvorstellbar daher, dass ich, verschämt bei einem Weizenbier sitzend, im vollbesetzten Lokal plötzlich angeklingelt würde. Alles richtet die Augen auf mich und denkt: Aha, ein wichtiger Mann! Kein Wort, kein noch so wichtiges, brächte ich heraus. Im Lichte stehen stünde ich nicht durch. Im gesamten Wichtigkeitsbereich ist nichts mit mir los. Ich habe keinen Führerschein, kann also keinen großmächtigen Jeep durch die Fußgängerzone fahren. Einen Aktenkoffer könnte ich mir zwar leisten, aber ich habe keinerlei Akten. Und so staune ich weiter jeden Bezirksvertreter für Herrenunterwäsche an, verstumme vor schreibtüchtigen Rhetorikseminaristen und beneide Menschen, die wissen, welche Socken man gerade trägt. Der Hair-Stylist sagte mir mitten ins Unterdurchschnittsgesicht, auf meinem Kopf könne man gar nichts ausrichten. Ich sitze in der Bedeutungslosigkeit fest, ein armer Wicht und Willi. Nichts von wichtig. Warum schreibe ich das überhaupt? Im Prinzip hab' ich auch nichts zu sagen. Verzeihen Sie diese ganz unwichtigen Bemerkungen. Es soll gewiss nicht wieder vorkommen.

Jürgen Jonas

Postman: Irgendwo habe ich gelesen, Luciano Benetton sehe die Hauptaufgabe der Werbung seiner Firma nicht darin, den Verkauf von Pullovern anzukurbeln, sondern die Leute zum Nachdenken zu bringen. Ich halte das für eine Lüge.

Toscani: Warum? Luciano Benetton hat mir nie gesagt, ich solle eine Werbekampagne machen, damit er mehr Pullover verkaufen kann.

Postman: Das brauchte er auch nicht eigens zu betonen. Jeder Werbefachmann weiß, dass es darum geht, den Umsatz zu steigern. Das ist selbstverständlich.

Toscani: So selbstverständlich ist das heute nicht mehr. Die Unternehmen betreiben Marktforschung, geben alle möglichen Studien in Auftrag und entwickeln Marketingstrategien – das garantiert die Umsatzsteigerung. Mit der Werbung gehe ich deshalb einen ganz anderen Weg. Ich mache keine Produktwerbung, ich sage nicht »Unsere Ware ist besser als die der Konkurrenz oder billiger oder sonstwas«, ich benutze die Werbung als Kommunikationsmittel, als Instrument, um die Leute anzusprechen. Und wenn man sie anspricht, bringt man sie zum Nachdenken.

Postman: Andere versuchen das auch. Coca-Cola preist nicht einfach sein Produkt an, sondern verkauft ein Lebensgefühl. Coke läßt uns an allem Guten, Wahren und Schönen teilhaben. Die McDonalds-Werbung verheißt familiäre Geborgenheit, Mercedes-Benz lockt mit Eleganz und Status.

Toscani: Aber in der Mercedes-Werbung ist ein Auto zu sehen, in den Coca-Cola-Spots eine Flasche. Das machen wir nicht.

Postman: Kennen Sie die Calvin-Klein-Reklame im Fernsehen? Die versuchen wohl so etwas Ähnliches: exotische Bilder, aufregende Situationen und zum Schluss wird nur das Firmenlogo eingeblendet.

Toscani: Das ist etwas anderes.

Postman: Was soll daran anders sein?

Toscani: Weil das alles inszeniert ist, weil es nicht echt ist. Die ganze Werbung ist ein riesiges Theater, fake. Wir haben uns daran gewöhnt, dass Werbung die Wirklichkeit ausblendet. Das ist uns vertraut und wir lehnen uns beruhigt zurück. Aber sobald wir mit der Realität konfrontiert werden, sind wir empört.

Postman: Das Benetton-Plakat, auf dem ein Priester oder Mönch zu sehen ist, der eine Nonne küßt, ist auch inszeniert, unecht, fake …

Toscani: Ja, aber es handelt von einer real existierenden Problematik.

Postman: Das Plakat mit den zum Handschlag vereinten schwarzen und weißen Händen – fake.

Toscani: Aber das Motiv, der Vorgang, das ist Realität.

Postman: Ja und?

Toscani: Wenn Sie in einen Wildwestfilm gehen, sehen Sie, wie die Cowboys die Indianer erschießen. Im Krimi werden Leute umgebracht, im Kriegsfilm sterben Frauen und Kinder. Niemand regt sich darüber auf. Aber wenn Sie vom Kino nach Hause gehen und sehen die gleiche Szene auf der Straße, sind Sie entsetzt. Unser Verstand ist programmiert, manche Bilder nur in einem bestimmten Rahmen zu akzeptieren, und den durchbreche ich mit meiner Werbung.

Postman: Das ist ein gefährlicher Weg. Wo er endet, habe ich in einem meiner Bücher beschrieben und als Beispiel einen fiktiven Werbespot geschildert: Jesus steht in einer Oase. Die Szene ist unterlegt mit orientalischer Musik, im Hintergrund wiegen Palmen im Wind. Jesus präsentiert eine Flasche Chardonnay und sagt: »Als ich in Kana Wasser zu Wein verwandelt habe, hatte ich diesen edlen Tropfen im Sinn. Probieren Sie ihn, und Sie werden bekehrt.«

Toscani: Das habe ich schon vor fünf Jahren gemacht, mit den Jesus-Jeans. Man sah einen Hintern in Shorts: »Folgt mir – Jesus.«

Postman: O.k., in die nächste Auflage werde ich das als Fußnote aufnehmen. Aber ich will ihnen sagen, was daran gefährlich ist. Die zentralen Symbole und die Bilder einer Kultur werden ausgehöhlt, sie werden ihrer Bedeutung beraubt, wenn man sie für triviale Zwecke einsetzt. Die Symbole des Christentums oder nationale Wahrzeichen ...

»Werbung ist das Gegenteil von Liebe. Sie verspricht alles, schenkt aber nichts.« Oliviero Toscani

Toscani: Sie schreiben ein Buch über die Symbole oder über den Missbrauch dieser, und was ist Ihre Absicht – Bücher zu verkaufen, nehme ich an. Jeder verkauft irgendetwas.

Postman: Wenn Sie den Tod eines Aidskranken benutzen, um Pullover zu verkaufen, wenn Sie das Bild einer Tragödie für einen trivialen Zweck missbrauchen, wie sollen wir dann erwarten, dass die Menschen noch echte Gefühle entwickeln und auf die Tragödien des Lebens angemessen reagieren? Wenn man ihnen sagt »In Italien ertrinken die albanischen Flüchtlinge«, werden sie antworten: »Ja, ich hab's in der Benetton-Werbung gesehen.« Und wenn in Äthiopien Kinder sterben, heißt es: »Klar, ich weiß, damit verkaufen sie Coca-Cola.«

Toscani: Flaggen?

Postman: Ich habe an ein anderes Beispiel gedacht. Wir haben hier in den USA eine jüdische Firma, die koschere Fleischwaren herstellt. »Unsere Frankfurter haben mit dem Lebensmittelgesetz keine Probleme«, lautet deren Slogan, »denn unsere Wurst erfüllt sogar die Anforderungen einer noch höheren Autorität«, und der Mann in der Werbung schaut dabei zum Himmel hoch.

Toscani: Der Spruch ist gut.

Postman: Solch eine Reklame verbraucht für ihre schnöden Verkaufszwecke die Symbole einer Kultur. Und die Kultur verarmt dadurch. Eine Kultur braucht geheiligte Symbole, die vor profanem Gebrauch geschützt werden, sonst wird sie hohl und leer. Weihnachten z.B.: Wochenlang werden die Wahrzeichen des Christentums dazu missbraucht, irgendwelche Produkte zu verkaufen. Und was ist am Ende vom Fest der Geburt des Erlösers übrig?

Toscani: Ich verstehe schon, was Sie meinen. Nur fürchte ich, dass genau diese »heiligen Symbole« der Ruin der Menschheit sind. Die Leute bringen sich gegenseitig um, weil der eine an diesen und der andere an jenen Christus glaubt.

Oliviero Toscani und Neil Postman:
Darf man mit diesem Photo für Pullover werben?

Liebe

Wir verlangen, das Leben müsse einen **Sinn** haben – aber es hat nur ganz genau so viel **Sinn,** als wir selber ihm zu geben imstande sind. Weil der Einzelne das nur unvollkommen vermag, hat man in den Religionen und Philosophien versucht, die Frage tröstend zu beantworten. Diese Antworten laufen alle auf das Gleiche hinaus: den **Sinn** erhält das Leben einzig durch die **Liebe.** Das heißt: je mehr wir lieben und uns hinzugeben fähig sind, desto sinnvoller wird unser Leben. Es ist ein merkwürdiges, doch einfaches Geheimnis der Lebensweisheit aller Zeiten, daß jede kleinste selbstlose Hingabe, jede Teilnahme, jede **Liebe** uns reicher macht, während jede Bemühung um Besitz und Macht uns Kräfte raubt und ärmer werden läßt. Das haben die Inder gewußt und gelehrt, und dann die weisen Griechen, und dann Jesus, und seither noch Tausende von Weisen und Dichtern, deren Werke die Zeiten überdauern, während Reiche und Könige ihrer Zeit verschollen und vergangen sind. Ihr möget es mit Jesus halten oder mit Plato, mit Schiller oder mit Spinoza, überall ist das die letzte Weisheit, daß weder Macht, noch Besitz, noch Erkenntnis selig macht, sondern allein die **Liebe.** Jedes Selbstlossein, jeder Verzicht aus **Liebe,** jedes Mitleid, jede Selbstentäußerung scheint ein Weggeben, ein Sichberauben, und ist doch ein Reicherwerden und Größerwerden, und ist doch der einzige Weg, der vorwärts und aufwärts führt.

Hermann Hesse

Von Natur aus böse?

Thomas Hobbes (1588-1679), englischer Gelehrter und Philosoph; stammt aus ärmlichen Verhältnissen; kann mit Hilfe eines begüterten Onkels aber in Oxford studieren; arbeitet als Hauslehrer und Sekretär in England, Frankreich und in der Schweiz; ausgedehnte Reisen auf dem Festland, enge Kontakte zu Descartes, Galilei, Bacon u.a.; Übersetzung der Ilias und der Odyssee ins Englische; 10-jähriges Exil in Paris.
Politischer Hintergrund: Bürgerkrieg zwischen englischer Krone und Parlament (1642-1648); Hinrichtung Karls I.; Militärdiktatur unter Oliver Cromwell; Dreißigjähriger Krieg (1618-1648).
Hauptwerk: Leviathan oder Stoff, Form und Gewalt eines bürgerlichen und kirchlichen Staates, 1651 in englischer, 1668 in lateinischer Sprache erschienen.

Von der natürlichen Bedingung der Menschheit im Hinblick auf Glück und Unglück

So liegen also in der menschlichen Natur drei hauptsächliche Konfliktursachen: Erstens Konkurrenz, zweitens Mißtrauen, drittens Ruhmsucht.

Die Erste führt zu Übergriffen der Menschen des Gewinnens, die Zweite der Sicherheit und die Dritte des Ansehens wegen. Die ersten wenden Gewalt an, um sich zum Herrn über andere Männer und deren Frauen, Kinder und Vieh zu machen, die Zweiten, um diese zu verteidigen, und die Dritten wegen Kleinigkeiten wie einem Wort, einem Lächeln, einer verschiedenen Meinung oder jedem anderen Zeichen von Geringschätzung, das entweder direkt gegen sie selbst gerichtet ist oder in einem Tadel ihrer Verwandtschaft, ihrer Freunde, ihres Volkes, ihres Berufs oder ihres Namens besteht.

Von Natur aus böse?

Daraus ergibt sich klar, dass die Menschen während der Zeit, in der sie ohne eine allgemeine, sie alle im Zaum haltende Macht leben, sich in einem Zustand befinden, der Krieg genannt wird, und zwar in einem Krieg eines jeden gegen jeden. Denn Krieg ist nicht nur das Gefecht oder die Kampfhandlung, sondern jeder Zeitraum, in dem die Gegner voneinander wissen, dass sie den Kampf mit der Waffe wollen … Jede andere Zeit ist Frieden.

Was daher eine Kriegszeit kennzeichnet, in der jeder Mensch Feind jedes anderen ist, das ist auch der Zeit eigentümlich, in der die Menschen ohne andere Sicherheit leben, als ihnen die eigene Stärke und die eigene Erfindungsgabe gewähren kann. In solchem Zustand ist kein Raum für Gewerbefleiß, weil ja der Ertrag ganz unsicher bleibt. Und so gibt es auch keinen Ackerbau, keine Schifffahrt noch Seehandel, keinen bequemen Häuserbau, keine Werkzeuge zur Bewegung schwerer Lasten, keine Kenntnis von der Erdoberfläche, keine Geschichtsschreibung, keine Künste, keine Literatur, keine Gesellschaft; und was das Schlimmste ist, es herrschen beständig Furcht und die Gefahr gewaltsamen Todes; das Leben des Menschen aber ist einsam, arm hässlich, tierisch, roh und kurz.

Zum Wesen des Krieges aller gegen alle gehört es auch, dass nichts unrecht sein kann. Die Begriffe von Recht und Unrecht, Gerechtigkeit und Ungerechtigkeit können in diesem Zustand keine Anwendung finden. Wo es keine gemeinsame Befehlsgewalt gibt, gibt es kein Gesetz; wo kein Gesetz, keine Ungerechtigkeit. Gewalttätigkeit und List sind im Krieg zwei Kardinaltugenden … Zum Wesen dieses Zustands gehört es ferner, dass es kein Eigentum und keine Herrschaft gibt, kein eindeutiges Mein und Dein, dass vielmehr jedem gehört, wessen er habhaft zu werden vermag, und zwar gerade für so lange, als er es festhalten und verteidigen kann.

Von den Ursachen, der Erzeugung und der Definition des Staats

Die Menschen, die von Natur aus Freiheit und Herrschaft über andere lieben, führten die Selbstbeschränkung, unter der sie, wie wir wissen, in Staaten leben, letztlich allein mit dem Ziel und der Absicht ein, dadurch für ihre Selbsterhaltung zu sorgen und ein zufriedenes Leben zu führen – das heißt, dem elenden Kriegszustand zu entkommen, der aus den natürlichen Leidenschaften der Menschen notwendig folgt, dann nämlich, wenn es keine sichtbare Gewalt gibt, die sie im Zaume zu halten und durch Furcht vor Strafe an die Erfüllung ihrer Verträge und an die Beachtung der natürlichen Gesetze zu binden vermag … Denn die natürlichen Gesetze wie Gerechtigkeit, Billigkeit, Bescheidenheit, Dankbarkeit, kurz, das Gesetz, andere so zu behandeln, wie wir selbst behandelt werden wollen, sind an sich,

Und Gott wird abwischen alle Tränen von ihren Augen, und der Tod wird nicht mehr sein, noch Leid noch Geschrei noch Schmerz wird mehr sein; denn das Erste ist vergangen.

Offb 21,4

ohne die Furcht vor einer Macht, die ihre Befolgung veranlasst, unseren natürlichen Leidenschaften entgegengesetzt, die uns zu Parteilichkeit, Hochmut, Rachsucht und Ähnlichem verleiten. Und Verträge ohne das Schwert sind bloße Worte und besitzen nicht die Kraft, einem Menschen auch nur die geringste Sicherheit zu bieten ... Um aber eine allgemeine Macht zu gründen, unter deren Schutz gegen auswärtige und innere Feinde die Menschen bei dem ruhigen Genusse der Früchte ihres Fleißes und der Erde ihren Unterhalt finden können, ist der einzig mögliche Weg hierzu der: dass jeder alle seine Macht oder Kraft einem oder mehreren Menschen übertrage, wodurch der Wille aller gleichsam in einem Punkt vereinigt wird; sodass dieser eine Mensch oder diese eine Versammlung eines jeden einzelnen Stellvertreter werde und ein jeder die Handlungen jener so betrachte, als habe er sie selbst getan, weil sie sich dem Willen und Urteile freiwillig unterworfen haben. Dies fasst aber noch etwas mehr in sich als Übereinstimmung und Eintracht; denn es ist eine wahre Vereinigung in eine Person und beruht auf dem Vertrage eines jeden mit einem jeden, wie wenn ein jeder zu einem jeden sagte: »Ich übergebe mein Recht, mich selbst zu regieren, diesem Menschen oder dieser Versammlung unter der Bedingung, dass du ebenfalls dein Recht über dich ihm oder ihr abtretest.« So entsteht der große Leviathan, oder besser, um es mit gebührender Verehrung auszudrücken, jener sterbliche Gott, dem wir nächst dem unsterblichen Gott Frieden und Schutz verdanken. Denn vermöge der beschriebenen Stellvertreterbefugnis, die ihm jeder Einzelne im Staat übertragen hat, verfügt der Herrscher über so viel Zwangsmacht, dass er durch den von ihr ausgehenden Schrecken befähigt ist, den Willen aller Einzelnen auf inneren Frieden und gegenseitige Hilfe gegen auswärtige Feinde hinzulenken.

Thomas Hobbes

Und es wird ein Reis hervorgehen aus dem Stamm Isais und ein Zweig aus seiner Wurzel Frucht bringen.
Auf ihm wird ruhen der Geist des Herrn, der Geist der Weisheit und des Verstandes, der Geist des Rates und der Stärke, der Geist der Erkenntnis und der Furcht des Herrn.
Gerechtigkeit wird der Gurt seiner Lenden sein, und die Treue der Gurt seiner Hüften.
Da werden die Wölfe bei den Lämmern wohnen und die Panther bei den Böcken lagern. Ein kleiner Knabe wird Kälber und junge Löwen und Mastvieh miteinander treiben.
Kühe und Bären werden zusammen weiden, dass ihre Jungen beieinander liegen, und Löwen werden Stroh fressen wie die Rinder.
Und ein Säugling wird spielen am Loch der Otter, und ein entwöhntes Kind wird seine Hand stecken in die Höhle der Natter.
Man wird nirgends Sünde tun noch freveln auf meinem ganzen heiligen Berge; denn das Land wird voll Erkenntnis des Herrn sein, wie Wasser das Meer bedeckt.
Jes 11,1.2.5–9

Von Natur aus gut?

»Solange die Menschen ihre erste Unschuld bewahrten, hatten sie keinen anderen Führer nötig als die Stimme der Natur; solange sie nicht böse wurden, waren sie davon dispensiert, gut zu sein ...

Wenn man die natürliche Verfassung der Dinge betrachtet, scheint der Mensch offensichtlich dazu bestimmt, das glücklichste der Geschöpfe zu sein; wenn man nach dem derzeitigen Zustand urteilt, erscheint die menschliche Art als bedauernswerteste von allen ...

All diese Unordnungen rühren mehr von der Verfassung der Gesellschaften als von den Menschen her, denn was sind seine physischen Bedürfnisse im Vergleich zu jenen, die er sich selbst geschaffen hat, und wie kann er hoffen, seine Lage mit diesen letzteren zu verbessern, da diese neuen Bedürfnisse nur einer kleinen Zahl erreichbar und zum größten Teil sogar exklusiv sind, weshalb sie ein einziger nur genießen kann, wenn tausend sie entbehren und nach vielen unnützen Qualen und Nöten unglücklich sterben.«

Jean-Jacques Rousseau

Geboren ist Rousseau 1712 in Genf, gestorben 1778 in der Nähe von Paris. Die sechsundsechzig Jahre dazwischen sind eine einzige Kette von Wirrnissen, echtem und eingebildetem Unglück, erbitterten Auseinandersetzungen mit Freunden und Feinden. Abwechselnd wirft sich Rousseau in fieberhafte Tätigkeit oder versinkt in Traum und bloßes träges Dahinleben, oder er rettet sich vor der bösen Welt in nervöse Zusammenbrüche. In seiner Jugend übt er fast alle Berufe aus, die einem aus ehrbaren Bürgerhaus durchgebrannten jungen Mann offen stehen; er wird Schreiberlehrling, Handwerker, Priesterzögling, Musiklehrer, Kammerdiener, Sekretär, Erzieher, herumziehender Musikant, Angestellter am Katasteramt. Später wird er Sekretär im diplomatischen Dienst, Notenschreiber, bei welcher Gelegenheit er ein eigenes Notensystem erfindet, Dirigent, recht erfolgreicher Opernkomponist und Dramenverfasser; sogar am königlichen Hof in Versailles werden seine Werke aufgeführt, wobei der Autor freilich durch allzu saloppe Kleidung unangenehm auffällt. Während dieses unsteten Lebens irrt er umher zwischen Genf, Italien, Schweiz, französischer Provinz, Paris; alle paar Jahre, manchmal alle paar Monate wechselt er die Wohnung. Für diese ganze wirre Zeit schreibt er sich in einem Ehrlichkeitsfanatismus allerlei Laster zu: Diebereien, Lügen, Anfälle von Faulheit, Verleumdung unbescholtener Mädchen, wahllose Romanlektüre, später ebenso wahlloses Lesen von philosophischen und historischen Büchern.

Wilhelm Weischedel

Simul iustus et peccator

Werden, nicht Ruhe, sondern eine Übung ...

»Das christliche Leben ist nicht Frommsein, sondern ein Frommwerden, nicht Gesundsein, sondern ein Gesundwerden, nicht Sein, sondern ein Werden, nicht Ruhe, sondern eine Übung ...«

Die Bibel erzählt über das Zustandekommen der Trennung von Gott eine Geschichte, die in der christlichen Tradition die vom »Sündenfall« genannt wird, ein Wort, das in der hebräischen Bibel nicht vorkommt. (...) Dieses Konzept missverstehen wir, wenn wir es allein als ein moralisches Konzept ansehen, wenn wir dabei nur an die Sünden denken, die wir alle tun: lügen, stehlen, morden, betrügen. Schlimm genug, aber was wir mit dem Singular meinen – die Sünde, die Grundsünde, die Ursünde – ist etwas anderes: ein Zustand, nicht schon ein Handeln. Mit einem schrecklichen Begriff, der nicht in der Bibel steht, aber in der Tradition eine Rolle gespielt hat, heißt diese Ursünde im Gegensatz zur Tatsünde als der bewussten Verletzung von Gottes Gesetz: »Erbsünde«. Dieser Begriff ist deswegen so schwierig, weil er missverstanden wird als ein biologisches Schicksal, durch das man Krankheiten oder genetische Anlagen erben kann. (...) Gemeint ist, dass wir in Zustände hineingeboren sind, in denen wir nicht die Verursacher der Sünde sind, sondern schon immer in der Sünde leben.

Ich muss hier von den Erfahrungen meiner Generation sprechen. Ohne diese primären Erfahrungen hätte ich nie verstanden, was mich von Gott trennt. Als sehr junge Frau war ich zum ersten Mal in Holland und bemerkte, dass einige Leute mit mir als Deutscher nicht reden wollten, weil ihre Angehörigen von den Nazis umgebracht worden waren. Da ist mir sehr deutlich geworden, dass ich zwar nichts dazu »getan« hatte – ich war zu jung -, und trotzdem wußte ich, dass diese anderen ein Recht dazu hatten, sich umzudrehen und mit mir nicht zu sprechen, weil ich durch Sprache, Kultur und Erbe einer Gemeinschaft von Menschen angehöre, die in einem Schuldzusammenhang lebt. Das kann ich mir nicht aussuchen, es ist einfach so. Und dieses Stück Objektivität gehört zum Sündenbegriff dazu. Sünde ist zwar auch meine Entscheidung, mein freier Wille, mein Nein zu Gott, sie ist aber auch Schicksal, in das ich hineingeboren wurde. Ich bin verwickelt durch meine Eltern, meine Lehrerinnen und Lehrer, meine Tradition. Auch die Spätgeborenen können diese Realität nicht abstreifen – und so unzutreffend es ist, von Kollektivschuld zu sprechen, so notwendig ist doch der Sinn für eine kollektive Haftung. Ich bin auch verantwortlich für das Haus, das ich nicht gebaut habe, aber bewohne. Eben das versucht die merkwürdige Lehre von der »Erbsünde« festzuhalten. Der Zustand des In-Sünde-Geborenseins entsteht nicht aus meiner persönlichen Entscheidung oder meinem Willen. Es gibt ein Zusammentreffen von Schuld und Schicksal, das wir »dialektisch« verstehen müssen. Wir müssen die beiden widersprüchlichen Aussagen zusammendenken, die jede ihre Wahrheit haben, aber einander widersprechen, sodass in der normalen Logik nur eines der beiden Glieder Wahrheit beanspruchen könnte. Genau das leistet die christliche

II. Von der Erbsünde

Weiter wird bei uns gelehrt, daß nach Adams Fall alle Menschen, so natürlich geborn werden, in Sunden empfangen und geborn werden, das ist, daß sie alle von Mutterleib an voll böser Lust und Neigung seind und kein wahre Gottesfurcht, keinen wahren Glauben an Gott von Natur haben können; daß auch dieselbige angeborne Seuch und Erbsunde wahrhaftiglich Sund sei und verdamme alle die unter ewigen Gotteszorn, so nicht durch die Tauf und heiligen Geist wiederum neu geborn werden.

Die Augsburgische Konfession. Confessio oder Bekanntnus des Glaubens etlicher Fürsten und Städte, uberantwort Kaiserlicher Majestät zu Augsburg. Anno 1530

Tradition, wenn sie im Begriff der »Erbsünde« Schuld und Schicksal, die einander ausschließen, zusammendenkt. Schuldfähig ist ja nur die Person, die frei ist. Aber wenn ich schuldfähig, das heißt frei bin, dann ist das sozusagen die eine Seite der Medaille. Die andere Seite ist das Schicksal der Sünde, in die ich hineingeboren bin. Wir suchen uns die Gesellschaft, in der wir leben, und den Ort, den wir in ihr haben, ja nicht aus, sondern werden in etwas hineingeboren, das von der Struktur der Sünde, der Trennung von Gott, schon immer bestimmt ist. Diese objektive Verfassung bejahen wir dann auch subjektiv. Neutestamentlich ausgedrückt ist die Sünde also eine Macht, die über uns herrscht. (...)

Ich bin der Schreckensherrschaft schon immer unterworfen. Paulus beschreibt die Herrschaft der Sünde mit den Metaphern des Imperium Romanum. Die Sünde herrscht, unterwirft, erobert, zahlt Sold aus, verbreitet Schrecken und Tod. Er benennt die Sünde in ihrem sozialgeschichtlichen Kontext. So lebe auch »ich«, aus der Gegenwart gesprochen, schon immer unter gewalttätigen Mächten – dem Militarismus, der Energieverschwendung, dem Fleischverzehr, der Ausplünderung. Ist dies verstanden als Terror, den die Sünde ausübt, so wird die Frage dann allerdings sein, wie ich mich dazu verhalte. Das sind die beiden Elemente, die man immer zusammendenken muß. Das eine Element ist Schicksal, Erbe, Verflochtenheit, gesellschaftlicher Zwang, Macht der Sünde (das objektive Element) – und das subjektive Element ist mein Wille darin, mein eigenes Handeln, meine Freiheit, meine Entscheidung mitzumachen.

Dorothee Sölle

André, 31, hat seine Familie verlassen und sein gut gehendes Geschäft aufgegeben. Seit drei Jahren fährt er mit einer Freundin in einem Kombiwagen durch Südfrankreich und verkauft als Straßenhändler Schmuck:

»Ich bin glücklich, ich bin sehr glücklich. Ich weiß nicht, was man sonst noch unter Glück verstehen könnte, aber ich bin wirklich glücklich. Es ist das Gefühl, tun zu können, was man will und wann man es will ... Wenn man Komfort, Häuser, Sicherheiten hat, kann man nicht mehr machen, was man will. Man ist abhängig ...

Wir haben doch alles, was wir wollen: Der Kühlschrank ist draußen auf der Fensterbank, ein Rohr habe ich installiert, das ist unsere Dusche, unsere Sachen können wir an die Wand hängen, die Stühle hier haben wir auf dem Müll gefunden, und vor allem: wir haben ein Bett. Wir haben Hände, um uns zu basteln, was wir brauchen. Warum sollen wir etwas besitzen? Wenn wir in unserem Kombi wohnen, dann haben wir doch alles, besitzen die ganze Natur, das Meer, die Bäume, alles.«

Andrés Freundin, Marie-Rose, 21, auf die Frage: »Seid ihr politisch engagiert?«
»Überhaupt nicht. Ich kann sowieso nichts daran ändern, wer gerade an der Macht ist und was er tut. Es ist sowieso alles Scheiße ... Ich bin eben ich. Ich habe nur ein Ziel, ich will mich mit mir selbst wohl fühlen. Hauptsache, ich bin mit mir zufrieden ...«

Wir sind's noch nicht, wir werdens aber...

NICHTS KANN IHN HALTEN ...

»Nun richte dein Augenmerk auf das, was ich bereits gesagt habe, dass nämlich die Heiligen zur gleichen Zeit, da sie gerecht sind, auch Sünder sind: Sie sind gerecht, weil sie an Christus glauben, dessen Gerechtigkeit sie deckt und ihnen zugerechnet wird, Sünder aber, weil sie das Gesetz nicht erfüllen und nicht frei sind von Begierde, sondern den Kranken vergleichbar, die in ärztlicher Behandlung stehen. Sie sind dem Befund nach zwar krank, im Ansatz aber und in ihrem Hoffen schon gesund oder, besser gesagt, gesund gemacht worden, d.h. auf dem Wege der Gesundung ...«

Martin Luther, Vorlesung über den Römerbrief (1515/16)

Es ist noch nicht getan und geschehen, es ist aber im Gang und Schwang ...

Es ist nicht das Ende, es ist aber der Weg ...

Von der Freiheit eines Christenmenschen

Erstens. Damit wir von Grund aus erkennen mögen, was ein Christenmensch ist und wie es mit der Freiheit bestellt ist, die ihm Christus erworben und gegeben hat (wovon S. Paulus so viel schreibt), will ich folgende zwei Sätze aufstellen:

Ein Christenmensch ist ein freier Herr aller Dinge und niemand untertan.

Ein Christenmensch ist ein dienstbarer Knecht aller Dinge und jedermann untertan.

Martin Luther (1520)

»Ich tanze, also bin ich.«

Ich tanze, also bin ich. Mit Hilfe von 40 000 Watt kommt diese Erkenntnis im Bruchteil einer Sekunde. Die Musikanlage springt an, und die Töne bollern mit der Gewalt eines Presslufthammers ans Ohr. Dem Körper bleibt nur noch Krisenmanagement. Hirn ausschalten und Notwehrzucken. Die Reflexe bewegen Hände und Füße, und kurz darauf ist es soweit: Selbst bei kurzen Pausen zwischen zwei Stücken wackele ich weiter und sehne mich nach mehr. Schneller, lauter, härter. Und schönen Gruß an den Ohrenarzt. Von hier oben, auf einer der fahrbaren Stereoanlagen im Zweifamilienhausformat auf der Love Parade, der freie Blick auf Technotopia: **strahlende Gesichter**, entrückt-verzückte Blicke, wohin das Auge schaut. Menschen, die einander noch nie begegnet sind, **tanzen** sich an. Zehn-Sekunden-Bekanntschaften im Vorbeifahren. We are one family. Deutschland, hast du dich wirklich geändert? Ignorieren wir den Bass im Hintergrund, der die Hosen zittern und den Brustkorb beben lässt. Die Wahrheit muss auf den Tisch: Wir sehen hunderttausende Halbnackte, die **lachend** ihre Körper zu epileptisch anmutenden Bewegungen nötigen (»tanzen«). Haben wir es also mit einem Haufen Kranker zu tun, die sich in der Hauptstadt zu einer Demonstration glücklichen Irrsinns treffen? Die Antwort lautet kurz und schmerzlos: ja. Denn das Techno ist ein Virus. Und zwar der ganz fiesen Art. Übertragungswege und Heilungsverfahren sind unbekannt. Es nistet sich unmerklich ein und wuchert, bis das ganze Nervensystem infiziert ist. Und plötzlich erscheint das Schallgewitter wie die beglückende Vereinigung mit dem Herzschlag der Welt, der Sprung in den **Glücksrausch**. Das Brandenburger Tor naht, Zeit für einige Gedanken über Deutschland: Was wurde hierherum schon demonstriert. Wir sind das Volk! Wir sind ein Volk! Und jetzt wieder eine Vereinigungsdemo: mehr als 600 000 Stimmen für Friede, Freude, Eierkuchen.

Aber Besinnung, bitte. Hier haben gerade Menschen **Spaß** in Deutschland. Einfach so. Das ist erschütternd! Im Land der sauertöpfischen Vereinsmeier und Spießer, der Humorlosigkeit und des ordentlich organisierten **Frohsinns** im Narrenkäppi. Gedanken an Kindheitstage im Rheinland kommen auf, an den Karneval, Prunksitzungen und Umzüge ... Und jetzt das: Berlin fest in der Hand von Typen, die drei Tage lang überall in der Stadt bei jedem Autoradio stehenbleiben und **tanzen**. Die aus allen Teilen der Republik herbeigeströmt sind, um lustvoll ihre Leiber zu wiegen und ausgelassen zu **feiern**. Abends dann der Höhepunkt des Familienfestes an der Siegessäule. Ein normales Rockkonzert ist daneben ein Geburtstagsständchen für Tante Elfriede. Auf allen Zufahrtsstraßen Raver, so weit das Auge blickt, selbst die Siegessäule zuckt im Scheinwerferlicht in bunten Farben. Die Erde vibriert im Technotakt. Nach sechs Stunden **Dauertanzen** fordert der Körper Ruhe, doch das böse T-Virus kappt einfach die Info-Leitungen. Weiter geht's. Und wie ein Orkan braust es aus hunderttausenden Kehlen zurück, als DJ Mark Spoon aus Frankfurt, überwältigt von dem Anblick vor der Bühne immer wieder »Beeeeeerliiiiiin« und »Loooooveeee Paaaaraaaade« in das Mikro brüllt. Nach seinem letzten Stück ist der DJ richtig benommen. Schwerfällig geht er von der Bühne und legt mir, weil ich im Wege stehe, seine wuchtigen Arme mit den großen Tattoos um den Hals und sagt immer wieder: »Unglaublich, das ist unglaublich.« Und: »Das ist das Größte.«

Rainer Schmidt

»Es glüht und glänzt noch nicht alles, es bessert sich aber alles.« (Martin Luther)

Und Gott sprach: Lasset uns Menschen machen, ein Bild, das uns gleich sei, die da herrschen über die Fische im Meer und über die Vögel unter dem Himmel und über das Vieh und über alle Tiere des Feldes und über alles Gewürm, das

26 וַיֹּאמֶר אֱלֹהִים נַעֲשֶׂה אָדָם בְּצַלְמֵנוּ כִּדְמוּתֵנוּ

... und schuf den Menschen zu seinem Bilde

auf Erden kriecht. Und Gott schuf den Menschen zu seinem Bilde, zum Bilde Gottes schuf er ihn; und schuf sie als Mann und Weib.

1. Mose 1,26 f

Die »Gottebenbildlichkeit« (»imago dei«) des Menschen gehört zu den wichtigsten Aussagen der Bibel über den Menschen. Die Vorstellung, der Mensch sei Gottes Ebenbild, sei ihm irgendwie »gleich«, hat in Judentum und Christentum eine vielgestaltige Wirkungsgeschichte erlebt.
In früheren Deutungen der Gottebenbildlichkeit des Menschen wurde oft betont, sie antworte auf die Frage: »Was ist der Mensch?« und stelle eine

Wesensaussage über den Menschen dar, die seine Beziehung zu Gott klären wolle. Entgegen dieser Meinung ist man in der wissenschaftlichen

Forschung am Alten Testament heute aber der Meinung, die Gottebenbildlichkeit des Menschen antworte auf die Frage: »Wozu ist der Mensch da?« und sei vor allem eine Funktionsaussage über den Menschen, die seine Beziehung zu anderen Lebewesen und der Erde klären soll. Diese Auffassung hat ihre Begründung in drei Überlegungen:

1. Die hebräische Formulierung, die Luther mit »Lasset uns Menschen machen, ein Bild, das uns gleich sei« übersetzte (Gen 1,26) und die wir mit »Gottebenbildlichkeit« wiedergeben, übersetzt man aus dem Hebräischen wörtlich wohl am besten mit »als unser Bild wie eine Ähnlichkeit / ein Gleichnis von uns«. Der erste Begriff – »Bild« – ist die Wiedergabe des hebräischen Wortes zäläm, das so viel wie Statue, Abbild, Kultstatue bedeutet. Es ist eine sehr handgreifliche Vorstellung, die hinter diesem Wort steckt. Es meint tatsächlich die Statue, die man anfassen kann. Der Begriff kommt aus dem altorientalischen Raum, wo die Gottheit in Kultstatuen abgebildet war. Wir kennen solche Statuen aus Ägypten, aber auch aus Mesopotamien.

Diese Kultstatuen hatten die Funktion, die Gottheit auf Erden zu repräsentieren. Sie waren die Stellvertreter der Gottheit auf der Erde. Die Statuen waren nicht selbst die Gottheit – ein weit verbreitetes Mißverständnis –, sondern sozusagen Statthalter der Gottheit, in die die Gottheit »einwohnen« konnte. Deshalb wurden sie verehrt und umsorgt. Oft wird auch der König oder der Pharao das »Bild Gottes auf Erden« genannt. Der König war der Stellvertreter Gottes auf Erden.

2. Wenn es nun im alttestamentlichen Text heißt: »Lasst uns Menschen machen als unser Bild ...«, so ist nicht mehr nur der König das Bild, der Stellvertreter Gottes auf Erden, sondern alle Menschen. Es findet im Unterschied zur altorientalischen Umwelt des Alten Testaments sozusagen eine »Demokratisierung« dieser Vorstellung statt, man könnte auch sagen: eine »Royalisierung des Menschen«. Der Mensch wird königlich in dem Sinne, dass er als Stellvertreter Gottes, als Bild Gottes auf Erden fungiert.

3. Der zweite Begriff – »Ähnlichkeit« / »Gleichnis« – ist die Wiedergabe eines hebräischen Wortes, das von einem Verb »ähnlich sein« / »gleichen« gebildet ist. Es ist am besten mit »Ähnlichkeit« wiederzugeben. Dieses zweite Wort soll die erste handgreifliche Vorstellung, die Menschen wären sozusagen die Abbilder Gottes, wieder etwas zurechtrücken. »Wie eine Ähnlichkeit« / »ein Gleichnis« will sagen: Gott sieht nicht so aus, wie die Menschen aussehen.
Diese Vorstellung ist in Israel schon wegen des 2. Gebotes »Du sollst dir kein Bildnis, noch irgendein Gleichnis machen« Ex 20,4 – unmöglich. Mit dem Begriff »Ähnlichkeit« / »Gleichnis« soll der Abstand des Menschen gegenüber Gott gewahrt bleiben – das Geheimnis Gottes.

Die Aussage von der Gottebenbildlichkeit des Menschen antwortet also auf die Frage: »Wozu ist der Mensch da?« Der Mensch ist dazu da, wie der König im altorientalischen Raum als Stellvertreter Gottes auf Erden zu handeln. Wie dieser »Handlungsauftrag« zu verstehen ist, ist in Gen 1,28 ausgedrückt.

Machet euch die Erde untertan?

Seit den frühen siebziger Jahren hat das ökologische Problem verstärkt Eingang in das Bewusstsein breiter Bevölkerungsschichten gefunden. Nach vielen Jahrhunderttausenden scheint unsere Welt aus dem Gleichgewicht zu geraten durch Eingriffe in die Natur, die der Mensch in den letzten Jahrhunderten vorgenommen hat. Dürrekatastrophen, Ozonloch, Erwärmung der Meere, Abholzung der Regenwälder, Aussterben vieler Pflanzen- und Tierarten – Probleme, wohin man auch sieht: am Himmel, auf der Erde, im Meer, vielfach unumkehrbar, vielfach nur sehr schwer zu stoppen. Den Industriestaaten und ihrer aus der abendländisch-christlichen Tradition geprägten Geisteshaltung kommt für diese Entwicklung ein entscheidender Anteil zu. Das im Gefolge des Christentums entstandene anthropozentrische Weltbild, das den Menschen nicht als Teil der Schöpfung, sondern als Herrscher über die Natur, die Natur aber als Sache definiert, derer man sich zum Wohle der Menschen bedienen kann, ist auf dem Prüfstand. Selbst die Begriffe »Umwelt« und »Umweltschutz« sind in Verruf geraten, befördern sie doch die Trennung von »Mensch« einerseits und menschlicher »Umwelt« andererseits. Zutreffender wäre es, von »Mitwelt« zu sprechen, um der Interdependenz, also dem inneren, sich gegenseitig bedingenden Zusammenhang alles dessen, was wir gemeinhin als »Welt« bezeichnen, Rechnung zu tragen.

Auch die Schöpfungsgeschichte der Bibel benennt diesen Zusammenhang, indem sie den Menschen wie die ihn umgebende Natur als »Geschöpf Gottes«, als letztes der Geschöpfe Gottes, bezeichnet. Der Mensch ist Teil der Schöpfung Gottes. Nach der Seite des Schöpfers hin interpretiert bedeutet dies: Der Schöpfungsglaube unterscheidet fundamental zwischen Schöpfer und Geschöpf. Der Schöpfer ist deshalb nicht Bestandteil der Welt und steht ihr frei gegenüber; er ist transzendent, überweltlich. Nach der Seite des Geschöpfes hin interpretiert bedeutet dies: Der Mensch als Geschöpf Gottes ist in der Bibel nicht unabhängig von seinem Schöpfer zu denken. Das gibt dem einzelnen Menschen einerseits eine große Freiheit, weil er sich für sein Da-Sein und sein So-Sein vor nichts und niemandem zu legitimieren braucht. Das Lebewesen »Mensch« ist – biblisch gesprochen – von Gott gewollt. Menschen müssen und können nicht ihre Existenz rechtfertigen, Wert und Würde eines Menschen kommen nicht aus ihm selbst, sind nicht von besonderen Leistungen oder Fähigkeiten abhängig, sondern sind im Willen Gottes begründet, dem Menschen das Leben zu schenken. Als Geschöpf Gottes erhält der Mensch dadurch andererseits aber eine große Verantwortung gegenüber Gott, der Mensch ist nicht das »Maß aller Dinge«.

Was bedeutet und beinhaltet in diesem Zusammenhang der Satz vom Herrschaftsauftrag des Menschen (Gen 1,28)? Luther übersetzte ihn so: »... und füllet die Erde und machet sie euch untertan und herrschet über die Fische ...« »Machet euch die Erde untertan!«: in der Wirkungsgeschichte dieses Textes, vor allem in der Industriellen Revolution, wurde dies geradezu zu einem »Motto« und führte zu der Ansicht, alles sei dem Menschen »machbar«. Hat Gott nicht durch diesen Satz die ganze Erde dem Menschen auf Gedeih und Verderb ausgeliefert?

Übersetzt man Gen 1,28 wörtlich aus dem Hebräischen, so ergibt sich eine auffällige Differenz zu Luthers Formulierung. Eigentlich müßte es nämlich heißen: »... und

füllet die Erde und nehmt sie in Besitz und herrscht über die Fischbrut ...«. »Untertan machen« – »In Besitz nehmen«, das ist zweierlei. Das im Hebräischen verwendete Verb »kabasch« gibt man am besten wieder mit »die Füße auf etwas stellen, um es in Besitz zu nehmen«. Ähnlich drückt dies Psalm 8 aus, wenn er vom Menschen sagt: »Du hast ihn zum Herrn gemacht über deiner Hände Werk, alles hast du unter seine Füße getan!« Meint dies letztlich nicht dasselbe wie: »Machet euch die Erde untertan!«?

Dadurch ist damals einerseits natürlich ein Besitzanspruch ausgedrückt, andererseits aber auch eine Verpflichtung: Der Herrscher von damals war in der Pflicht, die Menschen, Ländereien und Tiere, die er durch diesen Gestus in Besitz genommen hatte, zu schützen. Zu schützen und nicht zu unterjochen!

Seit einigen Jahrzehnten erst wissen wir mehr über die Bildsprache der altorientalischen Texte, in deren Kontext auch Gen 1,28 und Psalm 8 gehören; auf alten Reliefs in Mesopotamien und Ägypten sehen wir häufig Herrscher, die ihren Fuß auf etwas setzen: etwa auf einen unterlegenen Feind, auf Tiere, auf Ländereien. In ägyptischen Darstellungen des Pharao bilden unterworfene Länder als Personen oftmals den Fußschemel des Pharao, der seine Füße auf ihre Nacken setzt. Damit wird ausgedrückt, daß diese Länder ihre Freiheit verloren haben und in seinen Besitz übergegangen sind. Auch in assyrischen Palastreliefs aus Ninive finden wir solche Darstellungen und in assyrischen Königsinschriften wird der König gepriesen als der, »der die Nacken der Könige niedertritt«. Durch diese Geste – den Fuß auf etwas setzen – wurde verdeutlicht, daß der Herrscher Besitz ergreift von den Menschen oder Dingen, die unter seine Füße gelegt sind. Das bedeutet jedoch in den wenigsten Fällen allein das, was wir damit assoziieren: nämlich Unterwerfung. Es bedeutet auch einen rechtstechnischen Vollzug. Durch die Inbesitznahme ist der Herrscher fortan verpflichtet, das In-Besitz-Genommene auch zu schützen gegenüber äußeren Bedrohungen. Diese Schutzfunktion ist in dem abgebildeten Rollsiegel aufgezeigt. Dazu paßt, daß der Herrscher im altorientalischen Raum gerne als Hirte dargestellt wird, der mächtig ist, seine Untertanen gegenüber Gefährdungen zu schützen. Im Bild stellt der Hirte (= Herrscher) seinen Fuß auf das Tier, um einen angreifenden Löwen abzuwehren. »Den Fuß auf etwas setzen, um es in Besitz zu nehmen«, bedeutete etwa soviel, wie wenn wir heute sagen »die Hand auf etwas legen«.

Wenden wir diesen Sachverhalt nun auf das Bild aus Gen 1,28 und Psalm 8 an: »alles hast du unter seine Füße getan«. Das heißt: dem Menschen ist alles in seinen Besitz gegeben, und er hat (als Stellvertreter Gottes) die Verantwortung, diesen Besitz zu schützen. Als letztes der Geschöpfe Gottes ist ihm durch seine Gottebenbildlichkeit eine besondere Befähigung mitgegeben worden. So soll die Herrschaft des Menschen über die Erde, so soll seine Herrschaft über die Tierwelt aussehen: Seine Funktion als Stellvertreter Gottes besteht darin, die Erde und die Tierwelt in Besitz zu nehmen, um sie zu schützen, oder, wie es später in Gen 2,15 heißt: »Und Gott nahm den Menschen und setzte ihn in den Garten Eden, daß er ihn bebaute und bewahrte«.

Diese Aufgabe setzt den Menschen in Lebenszusammenhänge hinein, über die er zwar herrschen soll, die er sich auch mühen soll zu beherrschen, die er aber nicht vergewaltigen darf. Wohl auch deshalb steht in den ersten Kapiteln der Bibel nichts davon, daß diese Lebenszusammenhänge unvollkommen seien und wir uns bemühen müßten, sie zu verbessern. Im Gegenteil – nach jedem Schöpfungstag wird eigens bestätigt: »Und Gott sah, daß es gut war«; und nach dem letzten Schöpfungstag sogar: »Und Gott sah an alles, was er gemacht hatte, und siehe, es war sehr gut«. Die Herrschaft des Menschen hat nach biblischer Vorstellung nicht das Ziel einer »Perfektionierung« seiner Mitwelt, sondern deren Existenzsicherung und Respektierung. Deshalb ist die Ernährung des Menschen und der Tiere auch zunächst vegetarisch gedacht (Gen 1,29f) – eine Vision, die in der alttestamentlichen Urgeschichte nach der Sintflut zwar relativiert wird (vgl. Gen 9,2f), die uns allen aber weiterhin vor Augen sein sollte.

Andreas Reinert

Jenseits
von Eden

Wir wünschen mit Adam und Eva, dass der Mensch sich sein Paradies auf Erden schafft

Freundlich sind dort die Menschen. Sie haben das schöne Bedürfnis, einander zu fragen, ob sie einander unterstützen können. Sie gehen nicht gleichgültig aneinander vorbei; aber ebensowenig belästigen sie einander. Liebevoll sind sie, aber nicht neugierig, nähern sich einander, aber quälen einander nicht. Wer dort unglücklich ist, ist es nicht lange; wer sich dort wohl fühlt, ist nicht dafür übermütig. Die Menschen, die dort wohnen, wo die Gedanken wohnen, sind weit davon entfernt, bei irgend jemand anderes Unlust eine Lust, und wo sich ein anderer in Verlegenheit sieht, eine abscheuliche Freude zu fühlen. Sie schämen sich dort jeglicher Schadenfreude; lieber sind sie selber beschäftigt, als daß sie gerne sähen, wie ein anderer Schaden nimmt. Dort haben die Menschen insofern ein Bedürfnis nach Schönheit, als sie nicht gerne ihres Mitmenschen Schaden sehen. Alle Leute wünschen dort allen nur das Beste. Dort lebt keiner, der nur sich selber Gutes wünscht, nur die eigene Frau und die eigenen Kinder wohl aufgehoben wissen will. Er will, daß Frau und Kinder auch des andern sich glücklich fühlen. Wenn dort ein Mensch irgendeinen Unglücklichen sieht, so ist auch sein eigenes Glück bereits zer-

stört. Dort, wo Nächstenliebe wohnt, ist die Menschheit eine Familie. Dort kann niemand glücklich sein, wenn nicht jedermann es ist. Neid und Mißgunst sind dort unbekannt, und die Rache ist ein Ding der Unmöglichkeit. Kein Mensch ist dort dem andern im Weg. Keiner triumphiert über den andern. Legt dort einer Schwächen an den Tag, so wird sich niemand beeilen, sich dieselben zunutze zu machen. Alle nehmen Rücksicht aufeinander. Dort besitzen alle eine ähnliche Kraft und üben eine gleichmäßige Macht aus; deshalb kann der Starke und Mächtige dort keine Bewunderung ernten.
In anmutigem, Vernunft und Verstand nicht verletzendem Wortwechsel geben und nehmen dort die Menschen. Liebe ist dort das bedeutendste Gesetz; Freundschaft die vorderste Regel. Arm und Reich gibt es nicht. Könige und Kaiser hat es, wo der gesunde Mensch wohnt, nie gegeben. Die Frau herrscht dort nicht über den Mann, der Mann aber ebensowenig über die Frau. Außer jedes über sich selber, herrscht dort keines. Alles dient dort allem, und der allgemeine Wunsch strebt deutlich dahin, den Schmerz zu beseitigen. Genießen will niemand; darum tun es alle. Alle wollen arm sein; hieraus folgt, daß niemand arm ist. Dort ist es schön, dort möchte ich leben! Unter Menschen, die sich frei fühlen, weil sie sich beschränken, unter Menschen, die einander achten, unter Menschen, die keine Angst kennen, möchte ich auch leben! Doch ich muß einsehen, daß ich phantasiere.

Robert Walser

Adam und Eva? So genau kenne ich die Geschichte nicht, aber die lebten im Paradies und Adam hat in einen Apfel gebissen und verwandelte sich in eine Schlange. Oder so ähnlich. Jedenfalls stelle ich mir das Paradies in der Natur vor, wo man auf Bäume klettern kann, ohne dass ich Angst habe, gleich herunterzufallen. Wo ich keine Angst zu haben brauche, dass mich ein Auto überfährt.

Lukas O., Schüler, 8 Jahre

Jenseits von Eden

LEBEN

Ich bin Kain, der Erstgeborene, der Ältere. Ich war der Stolz meiner Mutter, der Mann, den sie hervorgebracht hat. Ich bin stark und selbstbewusst.

Ja, ich bin stark, aber das habe ich in meiner Kindheit nicht wahrgenommen. Es gibt heute noch Tage, da fühle ich Fesseln um meinen Körper. Etwas lastet auf mir wie eine Decke. Ein Tier hinter Gittern, das sehnsuchtsvoll in die Ferne späht. Ich will raus. Ich will – ja, was? Nach einer Weile wächst in mir immerhin ein Entschluss. Ich weiß nun klar, dass ich raus will.

Ich hatte einen Traum: Da bin ich in einem niedrigen Raum, in einer Hütte, aber mit festen Wänden, und vor mir steht ein schwerer, schwarzer Stier mit großen glänzenden Augen. Tieftraurig, schwarz und schön sind seine Augen. Ein Mann steht neben ihm und hält einen Holzscheit, so ein langes Kantholz. Es liegt schmal in der Hand und läuft nach vorne etwas breiter auseinander, die Kanten sind scharf. Mit hoher Konzentration und Präzision schlägt der Mann zu. Genau auf Stellen, die er vorher scharf anvisierte. Der Stier bricht im Rückgrat und in den Flanken weg.

Der Mann schlägt dorthin, wo die Rippen an die Bauchdecke angrenzen. Hilflos lässt der gewaltige Stier es geschehen. Mit seinem schweren Schädel und Gewicht würde eine Bewegung reichen, um den Peiniger wegzufegen. Aber nichts! Obwohl der Stier äußerlich nicht gefesselt ist! Ich blicke erschrocken an mir herunter: Überall blutbespritzt. Ist es das Blut des Stiers? Ich habe ihn noch gar nicht bluten sehen. Ist es mein Blut? Bin ich etwa der Stier? Ich war lange meiner Kraft nicht bewusst und weiß deshalb gar nicht, wozu ich fähig bin (...)

Tanz mit dem Tod

Mein Bruder ist ein Sonderling, auch ein Abwesender. Er ist religiös. Er ist ein Träumer. Mit niemandem möchte er es verderben. Er schien tatsächlich der festen Überzeugung zu sein, jedermann könnte gar nicht anders als ihn lieben und alle müssten ihm in Freundlichkeit zugewandt sein. Wenn er mit seinem glockenreinen Knabensopran Lieder sang, hätte ich ihn erwürgen können: So ein Ausbund an penetranter Redlichkeit. Dabei ist er nicht dumm. Er kann gut argumentieren, wenn er will. Ich höre ihm auch manchmal gerne zu, wenn er erzählt aus seiner Traum- und Märchenwelt. Aber es bleibt immer alles rein und klar. Es hat einen so naiven Zug, wenn er sich über die Bösen entrüstet, und die Guten in seinen Geschichten sind immer nur gut. Natürlich fasziniert er meine Mutter. Sie haben eine Innigkeit und Vertrautheit miteinander, die ich schon bald peinlich fand. Wenn ich als Kind gegen sie rebellierte, dann stellte er sich immer auf ihre Seite in all seiner penetranten Vernünftigkeit und wollte sich als Friedensstifter wichtig machen. Ich finde es zum Kotzen. Dieser Schleimer, Schmeichler und Leisetreter.

So kann mich jeder leicht ins Unrecht setzen. Man braucht mich nur zu reizen und schon gehe ich die Wände hoch. Abel passiert das nicht. Er steht da wie ein Schaf und duldet. Dabei weiß ich, dass er sich in dieser Rolle großartig vorkommt, weil er ja geistig der Überlegene ist. »Die primitiven Schläger, die Gewaltmenschen, die Angeber und Muskelprotze«, so sind seine Gedanken, aber er ist selber ein Angeber, ein moralischer Angeber, der selbst mit seinem Gott auf widerlich penetrante Weise intim ist. Was mich so an dieser Intimität ärgert, frage ich mich inzwischen. Eigentlich ist es doch etwas Schönes. Ich kenne das auch, dass ich meine heiligen Orte habe, zu denen ich mich flüchte. Aber da lasse ich niemanden ran. Andere zerstören mir das nur und trampeln auf meinen verletzlichen und schwachen Seiten herum. Mein Bruder tut sich damit wichtig, als würde nur er so etwas kennen, als hätte nur er Gespür für Atmosphäre und alle anderen sind in seinen Augen stumpfsinnige Ignoranten. Das ärgert mich. Es kränkt mich, dass er mich ausschließt. Ja, das ist es. Wieder bin ich außen vor.

Warum entwickeln wir unsere Religiosität nicht zusammen?
Meinetwegen soll er doch etwas haben, was ich nicht habe, aber das gilt doch sicher auch umgekehrt. Ich muss natürlich zugeben, dass ich auch nicht über meinen Schatten zu springen vermochte. Ich konnte damals nicht einfach hingehen und sagen: Abel, ich möchte etwas von dir lernen, aber nur, wenn du nicht so hochnäsig dabei bist. Und du kannst etwas von mir lernen, und ich helfe dir, ohne dich dafür zu verachten, wenn du es nicht gleich beim ersten Mal schaffst, was ich dir zeige.
Ich kann nämlich ganz gut Schach spielen. Wenn mein Bruder gegen mich verliert, dann spielt er die nächsten Monate nicht mehr mit mir, weil ihn das so kränkt. Aber er zeigt es nicht, sondern tut so, als stünde er meilenweit über derlei weltlichem Tand. Ich genoss es natürlich auch, ihn schachmatt zu setzen und vernichtend zu schlagen. Ich merkte sofort, welche Fehler er machte und verriet ihm nie, worauf es beim Schachspiel ankommt. Das würde ich jetzt auch anders machen und ihm zeigen, worauf er aufpassen muss, wenn zum Beispiel zwei Türme hintereinander stehen, welche tödliche Waffe das ist, wenn sie auf die gegnerische Grundlinie durchbrechen.
Wir haben uns einander nicht geöffnet. Im Grunde war es eine Welt des Misstrauens, in der wir lebten, keiner hat dem anderen getraut, jeder war eifersüchtig auf seine Sache bedacht. Zu einem Austausch kam es nie.
Dass ich jetzt überhaupt so über mich sprechen kann und über alles, was geschehen ist, das ist noch immer neu. Hätte ich mich doch nur früher öffnen können, dann würde Abel noch leben.
Ja, ich habe ihn erschlagen. Abel, meinen Bruder!

Hartwig von Schubert

Männer Frauen
Frauen Männer

Art. 3
(Gleichheitsgrundsatz, Gleichberechtigung)
(1) Alle Menschen sind vor dem Gesetz gleich.
(2) Männer und Frauen sind gleichberechtigt.
(3) Niemand darf wegen seines Geschlechtes, seiner Abstammung, seiner Rasse, seiner Sprache, seiner Heimat und Herkunft, seines Glaubens, seiner religiösen oder politischen Anschauungen benachteiligt oder bevorzugt werden.

»War das wirklich so gemeint?«

Heike Schmoll im Gespräch mit dem jüdischen Publizisten Pinchas Lapide

H.S.: Luther übersetzt die Stelle so: »Und Gott der Herr sprach: Es ist nicht gut, dass der Mensch alleine sei. Ich will ihm eine Gehilfin machen, die um ihn sei.«
Und einige Verse später:
»Und Gott baute ihm ein Weib aus der Rippe, die er von dem Menschen nahm und brachte sie zu ihm«.
»Gehilfin, Herr Lapide, das klingt so, als sei Eva von Anfang an dazu bestimmt, die zweite Geige zu spielen. War das wirklich so gemeint?«

P.L.: »Keineswegs. Luther mag es in der Tat so gemeint haben, denn Luther war ein Sohn seiner Zeit, ein Mensch des Mittelalters, und er sprach über seine Frau, eine frühere Nonne, dass eine Frau ein gutes Geschenk Gottes ist. Ob die Frau als Geschenk auch etwas zu sagen hat, bleibt bis heute fraglich. Aber Gott hat es anders gemeint: Denn auf Hebräisch heißt es wortwörtlich (auf Deutsch, dem Original sich anschmiegend): »Und Gott der Herr sprach: es ist nicht gut, dass der Mann alleine sei; und er gab ihm eine Hilfe, ihm entgegen.«

H.S.: »Das heißt, da schwingt Opposition mit?«

P.L.: »Beides. Das Gegenüber und die Opposition. Das heißt auf gut Deutsch, die Eva war dazu bestimmt, weder eine unterwürfige Ja-Sagerin, noch eine demütige Mitläuferin zu sein, sondern eine Person mit eigenem Recht, die widersprechen darf und aufbegehren soll, was sie in der jüdischen Geschichte, 4000 Jahre lang und 5 Erdteile breit, Gott sei Dank, bis heute auch tut. Von einer Unterwürfigkeit, von einer Gehilfin, also einer Assistentin, die Nummer 2 oder Nummer 3 ist, wie jede anständige Assistentin bei einem Professor, einem Arzt oder einem Bauunternehmer, kann hier beileibe nicht die Rede sein.«

H.S.: »Das heißt, Eva ist ein eigenständiges Gegenüber?«

P.L.: »Selbstverständlich. Und mit eigenem Recht. Mehr noch, die Bibel sagt: »Als Mann und Frau schuf Gott die Gattung Mensch«. Woraus die Rabbinen folgern, dass ein Mann eigentlich nur ein halber Mensch sei und der liebevollen Ergänzung einer Frau bedarf, um zum vollen Menschentum aufzurücken, denn nur beide zusammen sind der Träger des göttlichen Ebenbildes. Ein Mann und eine Frau sind die Hälfte von dem, was Gott wollte.«

H.S.: »Könnte man die Stelle auch – die Partnerschaft zwischen Mann und Frau – als Beispiel für gelungenes menschliches Zusammenleben überhaupt sehen?«

P.L.: »Ganz sicher. Ich bin sicher, es war auch so gemeint. Ich bin sicher, dass Mann und Frau als Zweiheit, zur Zweieinigkeit, bestimmt waren. Denn wenn sie die ersten zwei Seiten der Bibel genau nehmen, die ganze Schöpfungsgeschichte, so ist die Nummer 2 der Schlüssel zur Genesis: denn Gott schuf in Paaren; er schuf Himmel und Erde, Tag und Nacht, Licht und Finsternis, Flora und Fauna – und so auch Mann und Frau.«

H.S.: »Das heißt: Sie sind die Krone der ganzen gegensätzlichen Paare, die in der Schöpfungsgeschichte vorkommen?«

P.L.: »Richtig. Aber Gegensatz genügt nicht. Ich würde sagen: es handelt sich um Kontrast-Harmonien. Wobei sowohl Kontrast als auch Harmonie das Verhältnis der beiden bestimmen soll. Sie sind einander gegenüber, sie haben Eigenwert, aber sie bedürfen des anderen, um sich selbst zu verstehen und zur vollen Einheit zu gelangen. Es gäbe keine Nacht, wäre kein Tag da, um sie zu messen, es gäbe kein Meer, wäre kein Festland da als Kontrast zum »Selbstverständnis des Nassen«, wenn Sie so wollen, es gäbe keinen Mond ohne Sonne, keine Fauna ohne Flora – und so auch Mann und Frau: Sie sind einander zubestimmt, wobei keiner dem anderen unterwürfig sein soll.«

H.S.: »Wir bleiben bei der Stelle. Die nächste Übersetzung: »Und Gott der Herr baute ein Weib aus der Rippe, die er von dem Menschen nahm ...«. »Rippe«, Herr Lapide, da steht in der Hebräischen Bibel eigentlich etwas anderes, was denn?«

P.L.: »Der Urbegriff ist »Seite« oder »Flanke«. Wenn wir bei der »Rippe« bleiben, so entsteht ein Frauenbild, das ziemlich sekundär, ja fast nebensächlich ist. Denn ein Mann kann ohne eine Rippe oder zwei, die man ihm herausoperiert, ruhig überleben. Hier steht: er nahm sie aus seiner Seite oder Flanke, und die Rabbinen folgern, dass sie »Seite an Seite« zusammen durchs Leben gehen sollten. Denn hätte er ihr bestimmt, über den Mann zu herrschen, so wäre sie der orientalischen Symbolik gemäß aus seinem Kopf entnommen worden – wie Pallas Athene, die Schutzgöttin von Athen, die dem Kopf des Zeus entsprang; hätte er ihr bestimmt, seine Dienerin zu sein, so hätte er sie – derselben Symbolik gemäß – aus seinen Füßen entnommen. Er aber – sagen die Rabbinen, und Jesus wusste das – nahm sie aus seiner Seite, um ihre Ebenbürtigkeit zu untermauern.«

H.S.: »Kommt es eigentlich darauf an, ob es die Rippe oder die Flanke ist?«

P.L.: »Ja. Weil eine Rippe ist ein verzichtbarer Teil der menschlichen Anatomie. Eine Seite nicht, sonst müsste ich den Menschen in zwei Teile schneiden. Es heißt, sie wurde seiner Hälfte, seiner Flanke entnommen, und daher der Hebraismus, den Luther eingedeutscht hat: »Seite an Seite durchs Leben zu gehen«, was der Inbegriff der Ebenbürtigkeit ist. Hier sagt auch Adam, nachdem er das himmlische Geschenk der Eva entgegengenommen hat, mit einem Jubelruf: »In der Tat, dies ist Bein von meinem Bein und Fleisch von meinem Fleisch«. Und die Bibel lässt keinen Zweifel daran, dass er jubelt, um endlich zu wissen, dass er hier – durch diese Eva – zur Ergänzung des Vollmenschen nun endlich Zugang hat, was er vorher allein nicht haben konnte.«

Wenn die Männer Frauen wären ...

Schließen Sie die Augen, entspannen Sie sich und stellen Sie sich vor, Sie würden auf einem fliegenden Teppich in ein ganz fernes Land und in eine andere Zeit fliegen ...

Nachdem Sie weich gelandet sind, schlagen Sie die Augen wieder auf. Sie entdecken, dass Sie in einem Vortragssaal sitzen. Vorne am Pult steht eine Rednerin, die gerade sagt: ... unser Thema, meine Herren und Damen, ist heute »Die Rolle des Mannes in unserer Gesellschaft«. Lassen Sie mich zu Beginn uns einige Tatsachen ins Gedächtnis rufen. Die Rolle des Mannes in unserer Gesellschaft ist immer noch vor allem die des Ehemannes und Vaters.

Im öffentlichen Leben treten Männer bisher kaum in Erscheinung. In der Politik, im Fernsehen, auf den Kanzeln, in den Universitäten, in der Wirtschaft – überall sitzen Frauen an den entscheidenden Stellen. Die Gesetze werden von Frauen gemacht: nur 6% der Abgeordneten im Bundestag sind männlich. Bundeskanzlerin, Ministerinnen, Unternehmerinnen, Gewerkschaftsführerinnen, Priesterinnen, Professorinnen – es sind stets Frauen; nur selten gibt es einen Mann an leitender Stelle, und dann ist es eigentlich nur ein Alibimann. Schauen Sie sich einmal die Tagesschau an; dort berichtet eine Sprecherin, dass Frauen in den Weltraum geflogen sind, dass Wissenschaftlerinnen den Nobelpreis bekommen haben, dass Politikerinnen wieder eine Rede hielten. Und wenn einmal ein Mann in die Domäne der Frauen einbricht, so hat er es doppelt und dreifach schwer. Als vor einiger Zeit zum ersten Mal ein Mann die Sportschau moderierte, gab es einen solchen Sturm der Entrüstung bei den Zuschauerinnen, dass die verantwortliche Leiterin der Sendung ihn wieder absetzen musste. Das Fernsehen ist eben – genau wie die Filmindustrie – von Frauen beherrscht. Deshalb befassen sich die Filme vor allem mit Frauenproblemen: nur zum »Jahr des Mannes« gab es einige Bemühungen, die Situation des Mannes einmal kritisch zu beleuchten, aber dies hatte die Öffentlichkeit bald satt: »Wir wissen gar nicht, was ihr wollt«, sagten viele Frauen, »euch geht es doch gut«.

Theoretisch sind Männer in unserer Gesellschaft gleichberechtigt. Ein Drittel aller Berufstätigen sind Männer. Aber die meisten sind in untergeordneten Stellen und bekommen in den typischen Männerberufen wie Ärztinnen-Helfer, Friseur und Verkäufer auch weniger bezahlt als Frauen. Viele Frauen zweifeln daran, dass sich Männer als Vorgesetzte eignen, weil Männer eher emotional sind und sich weniger gut durchsetzen können. Auch die meisten Männer wollen lieber eine Frau als Chef haben, weil ein Mann, der unbedingt Karriere machen will, dabei oft seine liebenswerte Männlichkeit verliert. Die traditionelle Auffassung ist immer noch, dass der Mann ins Haus gehört. Sein höchstes Glück ist es, Vater zu sein und Kinder aufzuziehen. Viele Frauen sind inzwischen bereit, ihren Männern die Berufstätigkeit zu erlauben, aber nur dann, wenn die Kinder nicht darunter leiden, und Kinder sind nun einmal die schönste Aufgabe des Mannes. Die Wissenschaftlerinnen sind

sich einig, dass die gute Vater-Kind-Beziehung in den ersten Lebensjahren unabdingbar für das Wohl des Kindes ist. Männer sind von Natur aus dazu vorgesehen, die Frau zu ergänzen. Dies ist biologisch bedingt, denn nur Frauen sind dazu fähig, Kinder zu gebären. Darauf gründet sich ja die traditionelle Überlegenheit der Frau: sie widmet während der Schwangerschaft ihren Körper dem Höchsten, was es in unserer Gesellschaft gibt: dem Fortbestand der Menschheit. Dies ist die wichtigste menschliche Fähigkeit überhaupt. Der Mann ist biologisch nicht in der Lage, Kinder zu bekommen. Deshalb muß er sich in diesem Punkt – das vergessen viele dieser fanatischen Männeremanzen zu gerne! – eben auf die von der Natur vorgegebene Rolle des Ergänzenden, Hegenden und Pflegenden beschränken.

Die biologischen Unterschiede wirken sich auch in der Beziehung aus. Die männlichen Genitalien sind von Natur aus ungeschützt, während Mädchen in dieser Beziehung kompakt gebaut sind. Deshalb kümmern sich die Väter besonders um ihre kleinen Jungen und schützen sie vor äußeren Gefahren. So ist zum Beispiel das Fußballspielen für Jungen einfach zu gefährlich: wie schnell kann da ein Ball an delikater Stelle bleibende Schäden anrichten! Jungen dürfen deshalb nicht so herumtollen wie Mädchen – dazu sind sie zu verletzlich. Und wir Frauen müssen frühzeitig lernen, auf das zarte männliche Geschlecht Rücksicht zu nehmen und es zu schützen – was symbolisch zum Beispiel darin zum Ausdruck

kommt, einem Mann in den Mantel zu helfen oder ihm ritterlich die Tür aufzuhalten.

Das macht sich bereits in der Kindheit bemerkbar. Mädchen rennen draußen herum, klettern auf Bäume und machen sich schmutzig. Jungen bleiben lieber zu Hause, spielen mit Puppen und helfen dem Vater. Die Eltern möchten, dass das Mädchen später einmal ein verantwortungsbewusster, selbständiger Mensch wird, die »ihre Frau steht« und es im Leben weiterbringt als sie selber. Beim Jungen sagen sie, »der heiratet ja doch«, deshalb lohnt sich eine lange Ausbildung nicht. Stattdessen muss der Junge frühzeitig lernen, wie man Frau und Kinder versorgt. Frauen wünschen sich nämlich später einen Ehemann, der in erster Linie ein guter Hausmann ist. Außerdem soll er – laut Umfrageergebnis – sauber, treu und ordentlich sein und dazu noch gut aussehen. Mädchen erleben Abenteuer, sie rennen herum und stellen alles in Frage, während ihre Brüder ihnen das Zimmer aufräumen und dem Vater bei der Wäsche helfen. Dass er Mathematik kann, ist nicht so wichtig. In der Schule sind Jungen im Allgemeinen fleißiger und angepasster. Viele Mädchen machen sich über ihre männlichen Schulkameraden lustig. Sie verspotten sie: »Du bist ja nur ein Junge«, und ziehen sie an den Haaren, während die Jungs weinen und zum Lehrer laufen.

In den Schulbüchern werden überwiegend Mädchen dargestellt. Bedenken Sie, was es für einen Jungen bedeutet, wenn er immer liest: »diejenige, die ...«,

»die Mensch ... sie denkt!« – so als ob Männer nur Menschen zweiter Klasse wären. Sogar englische Sprachübungen fangen meistens so an: she runs, she builds! Im Kindergarten und in der Grundschule kommt der Junge fast nur mit Männern zusammen. Kindergärtner sind ausschließlich Männer: die erste Frau, die sich im Kindergarten bewarb, wurde von den anderen Frauen ausgelacht (»Bist du überhaupt eine richtige Frau?«).

Auch in der Grundschule sind über 60% der Lehrer Männer, weil Männer besonders gut mit kleinen Kindern umgehen können. In den höheren Klassen und auf dem Gymnasium überwiegen dann wieder die weiblichen Lehrer, weil es hier mehr um die Sache geht und weil die Schüler besser auf Frauen hören. Die meisten Rektoren sind Frau-

en. Die Schulverwaltung sagt, dass Männer diese Position gar nicht wollen, und außerdem haben viele Männer neben Haushalt und Familie nicht genügend Zeit dafür. In der Pubertät verlieren viele Jungen überhaupt ihr Interesse an der Schule. Sie beginnen, sich zu schminken, kichern viel und versuchen, sich eine Frau anzulachen, die ihnen später möglichst viel bieten kann. Angesichts der großen Jugendarbeitslosigkeit ist dieses Verhalten verständlich. Viele Lehrmeisterinnen weigern sich, einem Jungen eine Lehrstelle zu geben, weil die Frauen schließlich später einmal eine Familie ernähren müssen und die Jungen »ja doch heiraten«. Die Werbung unterstützt sie darin. Sie redet dem Mann ein, dass er alles für seine Schönheit tun muss. Leichtbe-

kleidete (und manchmal auch nackte) Männer werden als Beigaben zu Motorrädern und Autos gezeigt, um die Frauen zum Kauf zu verleiten. Und Männer regen sich entsetzlich auf, dass ihre Wäsche nicht weiß genug geworden ist, bis dann eine Generalin oder eine sonstige Expertin ihnen zeigt, wie man das wissenschaftlich anpackt.

Seit mehreren Jahren gibt es nun eine Männerbewegung. Männer fordern gleichen Lohn für gleichwertige Arbeit: sie wollen nicht länger abhängig, sondern gleichberechtigter Partner der Frau sein. Viele Männer werden wieder berufstätig, und ihre Frauen unterstützen sie darin (wenn es auch noch immer viele gibt, die sagen, mein Mann braucht nicht zu arbeiten, ich verdiene genug). Das Hauptproblem sind und bleiben die Kinder. Frauen sind nun einmal beruflich so angespannt, dass sie sich nicht sehr um die Kinder kümmern können. Selbst wenn Frauen ihren Männern bei der Hausarbeit helfen, so ist es für einen Mann doch sehr schwer, mit der Doppelbelastung fertig zu werden. Und schließlich – sind

Hausarbeit und Kindererziehung nicht eine sehr schöne Aufgabe für einen Mann? Wir müssen uns hüten, diese für die Gesellschaft so wichtige Aufgabe gering zu schätzen. Schließlich ist die Rolle der Frau auch nicht so erstrebenswert: sie muss »hinaus ins feindliche Leben« und sich in ihrer Berufstätigkeit mit schlecht gelaunten Chefinnen, mit Leistungsstress und unbefriedigenden, untergeordneten Tätigkeiten herumplagen – wer wollte es ihr dann verübeln, wenn sie ihre schlechte

Laune und ihre Frustration gelegentlich an der Familie auslässt und ihr da auch einmal die Hand ausrutscht? Schließlich wollen manche Männer manchmal verprügelt werden, das sehen sie als Zeichen der Liebe an. Allerdings gibt es auch ganz radikale Männeremanzen, deren Forderungen weit über das Ziel hinausschießen. Sie wollen Frauen ganz ausschließen und nur unter sich Männern sein. Also so geht es ja nun auch nicht, wie sich das zum Beispiel Alex Schwarzer vorstellt. Haben Sie den einmal im Fernsehen gesehen? Der hasst ja die Frauen geradezu. Wenn man sich sein hysterisches unschönes Gesicht ansieht, so weiß man auch, warum: er hat keine Frau abgekriegt!

Jetzt überlegen Sie, wie Sie sich als Frau, als Mann in dieser Situation fühlen würden ...

Angelika Wagner

Bloß nicht Emanze sein

Camilla ist fünfzehn Jahre alt und geht in die neunte Klasse einer Realschule in Kiel. Ihre Mutter ist Feministin, ihre 62-jährige Großmutter auch. Camilla nicht. Sie will Astronautin werden und fünf Kinder haben.

Camilla, was hältst du von der Frauenbewegung?
Och, muss ich nicht haben.

Ist das dein Ernst?
Ja. Das ist mir zu anstrengend.

Wieso denn das?
Ja, immer kämpfen und so. Das muss ich nicht haben.

Was heißt das, das musst du nicht haben?
Einmal die Woche Frauengruppen, Selbstverwirklichung, Demos, und dann immer mit den Männern streiten, gegen die kämpfen. Nee. Ich weiß, dass Sie das nicht gern hören. Meine Mutter geht auch immer hoch. Ist aber so.

Deine Mutter ist Feministin und deine Großmutter auch.
Weiß ich. Mein Vater übrigens auch, sagt er. Finde ich echt beknackt. Also, die meinen es ja bestimmt gut. Aber, finde ich bescheuert. Echt.

Wieso?
Worüber die sich alles aufregen müssen. Das muss ich nicht haben.

Zum Beispiel?
Über Männer. Die werden doch bloß sauer, die Männer, mein ich. Kann ich auch verstehen.

Und das musst du nicht haben.
Genau! Ist bei uns in der Schule auch so. Die Lehrer können das schon nicht mehr hören. Auch manche Lehrerinnen. Aber hauptsächlich die Lehrer. Na, und erst die Jungen!

Was können die nicht mehr hören?
Na ja, dass die Typen frauenfeindlich sind und von Diskriminierung und Vergewaltigung und so.

Was sagen die denn dann?
Also, die Lehrer, die machen das so schräg, so irgendwie ...

Wenn zwei das gleiche tun ...

...ist es noch lange nicht dasselbe.

Ironisch?
Ja, so zynisch. Echt gemein. Als würden sie sich darüber lustig machen, über die Frauen und so. Dabei sind die stinksauer und wütend. Das merkt man sofort. Ja, labern sie dann, die armen, unterdrückten Frauen und so. Warum gibt es denn so wenige Frauen an der Spitze in der Politik, als Erfinderinnen oder in der Wissenschaft? Wie heißt denn Frau Einstein mit Vornamen, hat neulich einer gefragt. Das sollte oberschlau sein.

Du machst jetzt im Tonfall einen Lehrer nach?
Ja, meinen Klassenlehrer.

Was sagen denn die anderen in deiner Klasse zu einem solchem Lehrer?
Die Jungen brüllen und freuen sich. Die Mädchen lachen meistens mit, weil sie keinen Stress wollen. Dann sind da zwei Mädchen in meiner Klasse, die sind Freundinnen und immer zusammen. Die sagen manchmal was, dass sie das nicht gut finden von dem Lehrer. Denen rufen sie dann Emanzen! hinterher – oder: ey, Lesben!

Und so möchtest du nicht genannt werden?
Nee, echt nicht.

Und deine Lehrerinnen?
Wie, meine Lehrerinnen?
Die reden ja nicht so.

Könnten die Lehrerinnen nicht mal mit solchen Lehrern reden?
Ach so. Nee. Die haben doch selbst Schiss.

Wie?
Dass sie dann Emanzen sind für die Männer. Das wollen die nicht.

Warum nicht?
Na ja, die Lehrerinnen denken doch bestimmt, dass ihnen das schadet. Dann werden die gekündigt. Ach nee. Das sind ja Beamtinnen. Aber dann müssen die an eine andere Schule oder verdienen weniger oder so.

Glaubst du das wirklich?
Weiß ich nicht. Aber warum tun denn die Lehrerinnen nichts gegen solche Typen? Vielleicht sind die auch feige. Die sagen bloß mal, wenn sich Mädchen über so frauenfeindliche Lehrer beschweren: Lasst euch das nicht gefallen! Aber mehr ist nicht drin.

Hast du mal mit deiner Mutter darüber gesprochen?
Die weiß das doch. Die ist auch im Elternrat.

Und?
Gar nichts und! Ich will das nicht. Wenn meine Mutter da in der Schule Rambazamba macht, dann habe ich nachher den Ärger. Die wissen doch alle, dass meine Mutter Emanze, also Feministin ist.

Vätern

Wie es ist, einer von diesen »neuen Vätern« zu sein

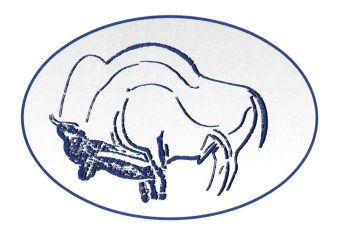

Der Bison in der amerikanischen Prärie umkreist, im vergleichbaren Falle, die gebärende Kuh, so daß eine ausgetretene, kreisförmige Spur etwa in der Größe einer Zirkusmanege entsteht.

Ich legte nervöse Schritte auf den gekachelten Boden des Gebärsaales, den wir während einer vorgängigen Inspektion kennengelernt hatten und dessen Einrichtung die Wärme und den Charme einer Pferdemetzgerei ausstrahlte.

Der Stier mit seinen seitlich eingesetzten Augen kann auf seinen Runden sowohl die Kuh als auch den gesamten Horizont kontrollieren und Kojoten und Wölfe abwehren, die es auf die zarten Kälber abgesehen haben.

Ich war hin- und hergerissen zwischen den Pflichten als mutzusprechender, muskellockernder, wehenbesänftigender, atemkommandierender Begleiter meiner Freundin und werdenden Mutter einerseits und unserem gemeinsamen Wunsch, das freudige Ereignis fotografisch zu dokumentieren. Während der Wehenpause rannte ich zum Fotoapparat und berechnete, wie das kalte Blitzlicht so zu handhaben sei, daß unser Kind später nicht annehmen müsse, in einer Pferdemetzgerei auf die Welt gekommen zu sein. Dazu hatte ich noch eine weitere Aufgabe übernommen. Aber die hatte ich zu diesem Zeitpunkt bereits vergessen.

Dann wurden die Wehenpausen kürzer, und meine manuellen Fähigkeiten nahmen ab. Die Hände zitterten. Ich beschränkte mich auf meine Rolle als Mutzusprecher und Händchenhalter. Vielleicht war es auch so, daß ich mir mein Händchen halten ließ.

Dann schämte ich mich dafür, daß ich überhaupt je daran hatte denken können zu photographieren. Der Schmerz war nun groß. Die Ärztin gab laute Anweisungen. Zwei Schwestern unterstützten konzentriert die Arbeit der Gebärenden. All dies war kein Sonntagsspaziergang mehr. In den Schläfen fühlte ich das Blut pochen. Dann schrie ich: »Ein Mädchen. Es ist ein Mädchen.«

Die Freundin und seiende Mutter schien nicht zu hören. Sie starrte stumm und glücklich an die weiß gestrichene Decke, so, als könnte sie dahinter das feministische Paradies entdecken, diesen Ort also, wo die Frauen regieren und die Männer gebären. (Später sagte sie jedoch, die Männer täten ihr leid, da ihnen das Erlebnis der Geburt verwehrt bleibe.) Tatsächlich gibt es verschiedene Naturvölker, bei denen sich die Männer schon während der Geburt ins Bett legen, sich darin winden vor eingebildetem Schmerz, sich schließlich das neugeborene Kind reichen lassen und die Gratulationen der Verwandtschaft in Empfang nehmen, während die Frau schon bald aufsteht und die häuslichen Arbeiten erledigt.

Ruedi Leuthold

Was ist Liebe?

Wenn ich mit Menschen- und mit Engelzungen redete und hätte die Liebe nicht, so wäre ich ein tönendes Erz oder eine klingende Schelle. Und wenn ich prophetisch reden könnte und wüsste alle Geheimnisse und alle Erkenntnis und hätte allen Glauben, so dass ich Berge versetzen könnte, und hätte die Liebe nicht, so wäre ich nichts. Und wenn ich alle meine Habe den Armen gäbe und ließe meinen Leib verbrennen, und hätte die Liebe nicht, so wäre mir's nichts nütze.

Geliebt wirst du einzig, wo du schwach dich zeigen darfst, ohne Stärke zu provozieren ...
Theodor W. Adorno

Es ist Vor- und Nachteil der deutschen Sprache zugleich, dass sie nur ein Wort für den Sachverhalt der Zuneigung und Hingabe zwischen Menschen kennt, das Wort **Liebe**. Es ist ein Vorteil, weil durch diese Tatsache schon von der Sprache her darauf hingewiesen wird, dass körperliche und geistige Zuneigung, Nächsten- und Gattenliebe, göttliche und menschliche Liebe zusammengehören und aufeinander hinweisen. Bei einer teilhaften Begegnung im Genitalbereich kann man eben noch nicht von Liebe sprechen, weil Liebe mehr meint und auf die ganzheitliche Begegnung der Personen abzielt. Zugleich aber fehlt der deutschen Sprache damit die Möglichkeit, und das ist ein Nachteil, diese partiellen, verfehlten Formen der Liebe beim Namen zu nennen. Darum behilft man sich gern mit den Fremdworten aus dem Griechischen oder Lateinischen, unterliegt dann aber wieder sehr leicht der Gefahr, auseinander zu reißen, was zusammengehört.

Mit **Eros** bezeichneten die Griechen zunächst die natürliche Kraft, die die Elemente zusammenhält und Mensch und Tier zur Zeugung treibt. Diese triebgesteuerte Zuneigung und Bindekraft der Lebewesen untereinander stellt innerhalb des Eros nur die unterste Stufe dar, das, was die Psychoanalyse heute mit Libido und die allgemeine Umgangssprache mit **Sex** bezeichnen. Der menschliche Eros strebt darüber hinaus. Auch in seinem künstlerischen Schaffen, auch in dem Suchen nach Erkenntnis und Weisheit äußert sich die Liebe des Menschen. Sie gelangt jedoch nie ans Ziel, sondern bleibt immer auf dem Wege, denn Eros ist der Sohn der Armut und des Reichtums. Eros bleibt darum immer in der Mitte zwischen Torheit und Weisheit, immer in Bewegung, nie in Ruhe. Aber der Mensch kann diesen Weg von sich aus beschreiten; denn Eros ist das Streben der Seele nach ihrer Wiedervereinigung mit der Weltseele, der Zusammenhalt des Ganzen und seiner Teile.

In der höheren Form des Eros bleibt die Freiheit des Menschen also bewahrt, wenn er die triebhafte Zuneigung zu den schönen Körpern überwindet und zur Wesensschau der Ideen selbst emporsteigt. Darum ist es falsch zu sagen, Eros sei Selbstliebe, egoistisch und eigensüchtig (...). Das Selbst des Menschen ist hier ja gar nicht seine Subjektivität, nicht das vorfindliche Ich, sondern das ewige, göttliche Wesen des Menschen. Träger des Eros ist der göttliche Geist des Menschen, und nicht das individuelle »Ego«. Von egoistischer Liebe kann

Die Liebe ist langmütig und freundlich, die Liebe eifert nicht, die Liebe treibt nicht Mutwillen, sie bläht sich nicht auf, sie verhält sich nicht ungehörig, sie sucht nicht das Ihre, sie lässt sich nicht erbittern, sie rechnet das Böse nicht zu, sie freut sich nicht über die Ungerechtigkeit, sie freut sich aber an der Wahrheit,

daher keine Rede sein. Es ist die göttliche Seele des Menschen, die sich bildend, von Stufe zu Stufe höher steigend, in der Schau des absoluten Schönen ihre Unsterblichkeit findet.

Agape ist die Form der Liebe, wie sie uns im Neuen Testament begegnet und in Jesus Christus Gestalt geworden ist. Ihre Bewegungsrichtung verläuft umgekehrt, nicht von unten nach oben, wie die Bewegung des Eros, sondern von oben nach unten. Agape geht nicht von den Menschen aus, sondern von Gott. Gott liebt die Menschen, und er offenbart ihnen diese Liebe, indem er zu ihnen herabsteigt und Mensch wird. Ja er geht noch weiter und erniedrigt sich selbst bis zum Tode am Kreuz. Hier ist der tiefste Punkt der Liebesbewegung der Agape erreicht, die den Menschen das neue Leben schenken will.

In dieser Form der Liebe kann der Mensch seine Selbständigkeit und Freiheit nicht behalten. Er gibt sie auf, indem er sich ganz hingibt und in diese Bewegung hineinnehmen lässt. In der Hingabe aber empfängt er sich neu, als Geschenk der Gnade Gottes. Jetzt erst empfängt er die Freiheit zu lieben. Als derjenige, der sich selbst geliebt weiß von Gott, spontan und unverdient, wird der Mensch fähig, auch von sich aus andere zu lieben. Nicht um ihrer Schönheit willen und nicht wegen ihrer besonderen Werte, zu denen er sich auch aufschwingen will, an denen er Anteil haben will, wie in der Bewegung des Eros, sondern um ihrer selbst willen. Eros liebt das Liebenswerte in dem geliebten Objekt, eben weil es liebenswert ist. In der Agape dagegen wird das Geliebte erst liebenswert durch die Liebe selber. Sie fragt nicht nach den Voraussetzungen des Geliebten, sondern bringt diese Voraussetzungen selbst mit, um sie in dem geliebten Gegenüber allererst zu schaffen. Subjekt und Objekt der Agape ist dabei in jedem Fall nicht irgendetwas im oder am Menschen, nicht nur das Wesen, wie im griechischen Eros, sondern der ganze Mensch in der Totalität seiner Person.

In die konkrete Begegnung zwischen zwei Menschen werden nun zwar immer wieder die Vorzüge und Nachteile, Sympathien und Antipathien, Neigungen und Wünsche des einen wie des anderen hineinspielen. Für die Begegnung zwischen Mann und Frau sind diese »erotischen« Gefühle sogar unerlässlich, um den zu mir passenden Mann und die zu mir passende Frau zu finden und auszuwählen und miteinander eine glückliche und erfüllte Ehe zu führen. Aber in der weiteren Gestaltung dieser Begegnung, in dem, was wir von dem anderen erwarten, wie wir miteinander umgehen, muss sich der Eros immer wieder von der Agape führen lassen. Menschliches Zusammenleben im Allgemeinen und in der Ehe im Besonderen wird unerträglich und auf die Dauer unmöglich, wenn die gegenseitigen Sympathien und Antipathien allein das bestimmende Element darstellen. Erst die Agape, die den anderen so liebt, wie er ist, auch seine unsympathischen Züge, die ich vielleicht noch nicht entdeckt hatte, oder die sich erst später herausstellten, verleiht der Liebe und Freundschaft zwischen den Menschen Dauer und gibt der Ehe eine Grundlage, die über die Stimmungen des Tages hinaus durchträgt. Sowenig also die Agape allein, ohne erotische Gefühle füreinander, zu einer glücklichen Ehe führen kann, genausowenig reicht der Eros ohne die Agape aus, um das Lebensglück zweier Menschen zu vollenden.

Siegfried Keil

Es ist bemerkenswert, daß wir gerade von dem Menschen, den wir lieben, am mindesten aussagen können, wie er sei. Wir lieben ihn einfach. Eben darin besteht ja die Liebe, das Wunderbare an der Liebe, daß sie uns in der Schwebe des Lebendigen hält, in der Bereitschaft, einem Menschen zu folgen in allen seinen möglichen Entfaltungen. Wir wissen, daß jeder Mensch, wenn man ihn liebt, sich wie verwandelt fühlt, wie entfaltet, und daß auch dem Liebenden sich alles entfaltet, das Nächste, das lange Bekannte. Vieles sieht er wie zum ersten Male. Die Liebe befreit es aus jeglichem Bildnis. Das ist das Erregende, das Abenteuerliche, das eigentlich Spannende, daß wir mit den Menschen, die wir lieben, nicht fertig werden: weil wir sie lieben; solange wir sie lieben. Man höre bloß die Dichter, wenn sie lieben; sie tappen nach Vergleichen, als wären sie betrunken, sie greifen nach allen Dingen im All, nach Blumen und Tieren, nach Wolken, nach Sternen und Meeren. Warum? So wie das All, wie Gottes unerschöpfliche Geräumigkeit, schrankenlos, alles Möglichen voll, aller Geheimnisse voll, unfaßbar ist der Mensch, den man liebt. – Nur die Liebe erträgt ihn so (...)

Unsere Meinung, daß wir das andere kennen, ist das Ende der Liebe, jedesmal, aber Ursache und Wirkung liegen vielleicht anders, als wir anzunehmen

versucht sind – nicht weil wir das andere kennen, geht unsere Liebe zu Ende, sondern umgekehrt: weil unsere Liebe zu Ende geht, weil ihre Kraft sich erschöpft hat, darum ist der Mensch fertig für uns. Er muß es sein. Wir können nicht mehr! Wir kündigen ihm die Bereitschaft, auf weitere Verwandlungen einzugehen. Wir verweigern ihm den Anspruch alles Lebendigen, das unfaßbar bleibt, und zugleich sind wir verwundert und enttäuscht, daß unser Verhältnis nicht mehr lebendig sei. »Du bist nicht«, sagte der Enttäuschte oder die Enttäuschte, »wofür ich dich gehalten habe.«
Und wofür hat man sich denn gehalten? Für ein Geheimnis, das der Mensch ja immerhin ist, ein erregendes Rätsel, das auszuhalten wir müde geworden sind. Man macht sich ein Bildnis. Das ist das Lieblose, der Verrat (...)
Du sollst dir kein Bildnis machen, heißt es, von Gott. Es dürfte auch in diesem Sinne gelten: Gott als das Lebendige in jedem Menschen, das, was nicht erfaßbar ist. Es ist eine Versündigung, die wir, so wie sie an uns begangen wird, fast ohne Unterlaß wieder begehen. – Ausgenommen wenn wir lieben.

Max Frisch

... sie erträgt alles, sie glaubt alles, sie hofft alles, sie duldet alles. Die Liebe hört niemals auf, wo doch das prophetische Reden aufhören wird und die Erkenntnis aufhören wird. Denn unser Wissen ist Stückwerk, und unser prophetisches Reden ist Stückwerk. ➤

»Was tun Sie«, wurde Herr K. gefragt, »wenn Sie einen Menschen lieben?«

»Ich mache mir einen Entwurf von ihm«, sagte Herr K., »daß er ihm ähnlich wird.«

»Wer, der Entwurf?«

»Nein«, sagte Herr K., »der Mensch.«

Bertolt Brecht

Heiraten, liebe Marie-Luise und lieber Peter, heiraten ist keine Kunst.

Der Drang der Natur, die Weisung der Sitte und die Ordnung des Gesetzes genügen vollauf, um zwei Leben in gleiche Bahn und Richtung zu bringen. Warum sollte man sich nicht zutrauen, was Millionen andere können, miteinander Schritt zu halten, es miteinander auszuhalten und den Ehe- und Wehestand um ein Beispiel erfolgreicher Bewährung zu vermehren. Wohl ist es ein Schritt tiefgreifender Entscheidung, der gerade das innere Leben, nicht bloß das äußere, umformt und Verantwortungen schafft, die fördernd und hemmend den Alltag bestimmen. Da ist es in Ordnung, dass man jungen Eheleuten Glück zu wünschen pflegt und dass man nicht gern darauf verzichtet, diesen Schritt mit einer gewissen Feierlichkeit zu umgeben. Aber ich kenne euch gut genug, um davon ausgehen zu können, dass für euch Kirche mehr und anderes ist als ein Ort, wo unsere Entscheidungen ihre Weihe und Feierlichkeit erhalten und man noch allerlei Ratschläge und Ermahnungen mit auf den Weg kriegt. Treffliche Sprichwörter und tiefsinnige Lebensweisheiten von Dichtern und Denkern über Mann und Frau, Liebe und Ehe gibt es genug und vorbildliche und abschreckende Beispiele ehelichen Lebens kennt ein jeder, aber es sieht nicht so aus, als ob die Erfahrungen von Jahrtausenden den Menschen ehetauglicher und die Ehe verheißungsvoller gemacht hätten.

Wo Liebe ist, da braucht man keine Regeln und Programme und Vorsätze, und wo sie nicht ist, da helfen die besten Eherezepte nichts. Aber gerade die Liebe ist kein währungssicheres Betriebskapital; da kann im Augenblick das Konto, das eben noch für Jahrzehnte auszureichen schien, leer sein oder tief im Minus stehen.

Wenn die Kirche nicht mehr zu sagen hätte, als von den Freuden und Leiden der Ehe, als von der Verantwortung der Gatten oder von einem christlichen Eheideal, dann wäre eine kirchliche Trauung von geringer Bedeutung und leicht durch feierliche Tischreden oder durch den Zauber irgendwelcher modernen (Ehe-)Weihen zu ersetzen. Aber sie hat mehr zu sagen. Sie stellt nicht auf den schwankenden Grund eurer Liebe und nicht auf die unsichere Befolgung wohlgemeinter Ratschläge, sie ist sogar sehr nüchtern und sehr skeptisch, wo es um menschliche Unternehmungen geht, auch wenn diese Unternehmung Ehe heißt, aber sie ist dafür sehr zuversichtlich und sehr anmaßend, wo es um Gottes Urteil und Zeugnis über den Menschen und damit auch über jede Ehe geht. (...)

Unzählige Paare, junge wie alte, leben heute unverheiratet zusammen in mehr oder weniger dauerhaften Zweierbeziehungen – ohne damit wie früher der allgemeinen Missachtung zu verfallen. Aus irgendwelchen persönlichen, oft nur praktischen Gründen entscheiden sich dann viele doch irgendwann für die Heirat und geben damit ihrer Beziehung einer festere, nicht mehr ganz so leicht lösliche Form. Zur Heirat wird – Gott sei Dank – heute niemand mehr gezwungen. Wer will, kann heiraten. Wer nicht will, lässt es sein. Die Ehe ist heute eine Lebensform unter vielen, immer noch gesellschaftlich, etwa steuerrechtlich begünstigt, aber nicht verordnet. Die Ehe als Lebensform wird gewählt. Sie ist auch von euch gewählt worden. (...)

Verrat und Untreue ist das, worauf heute alles gesellschaftliche Sein beruht. Die Gesellschaft hat sich eine pluralistische Fasson nicht nur ihres Wirtschaftens, ihrer politischen Verfassung, ihrer geistigen Kultur gegeben, die sich bis in die Herzen der Menschen hinein auswirkt. Mobilität, zumal ökonomisch gefordert, gilt als höchste Tugend und Bildungsziel, ohne Rücksicht auf Entwurzelung und Desozialisierung der Menschen, die zu häufigem Orts- und Berufswechsel gezwungen werden. Der ganze gesellschaftliche Prozess spricht gegen die Möglichkeit, sich endgültig festzulegen. Es herrscht Tauschwert. Das aber ist in der gesellschaftlichen Form nichts anderes, als was in der religiösen Form heidnischer Polytheismus ist. Man verlernt, treu zu sein. Mehreren Instanzen zugleich zu dienen, ist dort religiös, hier gesellschaftlich gefordert. Man sieht sich genötigt, abzuwechseln und zu wechseln, wie Kleider so Partner so Weltanschauung. Scheidungen müssen da sein, gleich, wie weh das Scheiden tut. Dagegen steht die Verheißung der Ehe und das sie schützende – von Jesus radikalisierte – sechste Gebot. Sie kämpfen um Rückgewinnung der menschlichen Bündnisfähigkeit gegen die Macht des Tauschwerts ... Verheißung und Gebot wehren dem gesellschaftlichen Prinzip, dass Scheidungen sein müssen, in Ehe, in politischen Gruppen, wissenschaftlichen und künstlerischen Schulen. Sie lehren, dem Befehl allseitiger Austauschbarkeit die Gefolgschaft zu versagen. (...)

Jochen Kloss

Wenn aber kommen wird das Vollkommene, so wird das Stückwerk aufhören.

Liebe

Als ich ein Kind war, da redete ich wie ein Kind und dachte wie ein Kind und war klug wie ein Kind; als ich aber ein Mann wurde, tat ich ab, was kindlich war.

Wir sehen jetzt durch einen Spiegel ein dunkles Bild; dann aber von Angesicht zu Angesicht. Jetzt erkenne ich stückweise; dann aber werde ich erkennen, wie ich erkannt bin.

Nun aber bleiben Glaube, Hoffnung, Liebe, diese drei; aber die Liebe ist die größte unter ihnen.

Quellennachweis

Leider war es nicht möglich, alle Urheber zu ermitteln. Betroffene Inhaber/innen von urheberrechtlichen Ansprüchen bitten wir sich mit dem Verlag in Verbindung zu setzen.

Bilder

Umschlag vorne: Hugo Kükelhaus, Mensch im Schoß der Gestirne, © VG Bild-Kunst, Bonn 1997.
S. 1: Michael Sowa, Homo Sapiens, © inkognito GmbH, Berlin. **S. 5:** Hüseyin Altin, Tisch und Stuhl (1987), © Hüseyin Altin. **S. 6/7:** Abbildungen aus: Eugen Sauter, Kindheit auf dem Lande, Wartberg Verlag, Gudensberg-Gleichen. **S. 8:** René Magritte, Auf der Suche nach dem Absoluten (Gouache 1960), © VG Bild-Kunst, Bonn 1998. **S. 9:** © Philippe de Gobert, Hommage à Magritte (1983). **S. 11:** Schürmanns kleine Modeecke: © Andreas Schürmann. Ego-Socke: © Volker Derlath. **S. 12/13:** Fotos: Oliviero Toscani. Mit freundlicher Genehmigung der Firma United Colors of Benetton. **S. 14:** Foto: Agentur ZENIT, Berlin. **S. 16/17:** Foto: Oliviero Toscani. Mit freundlicher Genehmigung der Firma United Colors of Benetton. **S. 18:** Allan Ramsay, Jean Jacques Rousseau; Edinburgh, National Gallery; Foto: Bildarchiv Foto Marburg. **S. 19:** Foto: Andreas Reinert. **S. 20:** Ausschnitt aus dem Werbe-Motiv »Laufstall«. Der Abdruck erfolgt mit freundlicher Genehmigung der Firma »Mey. Feine Wäsche«, Albstadt-Lautlingen. **S. 21:** © Michael Mathias Prechtl: Martin Luther, inwendig voller Figur; Aquarellzeichnung 1983. **S. 22:** Ausschnitt aus dem Werbe-Motiv »Wie frei möchten Sie sein?«. Der Abdruck erfolgt mit freundlicher Genehmigung der Firma »Motorola«. **S. 23:** Foto: Reuters; Reuter News Pictures, Bonn. **S. 28:** Werbemotiv »Wir wünschen mit Adam und Eva, dass der Mensch sich sein Paradies auf Erden schafft«. Fotografie aus der Serie PARADISE NOW von Horst Wackerbarth. **S. 30:** Edvard Munch, © VG Bild-Kunst, Bonn 1998. **S. 31:** Chevalier de Fragonard, École Nationale Vétérinaire d'Alfort. Aus: Charles Pilet, L'autre Fragonard / Photo de Alain Bali et Gilles Cappé, Edition Jupilles 1981 **S. 32:** Otto Dix, © VG Bild-Kunst, Bonn 1998. **S. 34:** Marc Chagall, Adam und Eva (1911/12), © VG Bild-Kunst, Bonn 1998. **S. 36/37:** Fotos: Stefan Pielow/STERN. **S. 38/39:** Fotos: Pressefoto Michael Seifert, Hannover. **S. 40:** Foto »Frau am Schreibtisch«: Tom Jacobi/STERN. **S. 41:** John de Andrea, Paar (1978); Ludwig Forum für Internationale Kunst, Aachen. **S. 42/43** Foto: Martin Parr/Magnum/Agentur Focus. **S. 44/45** Foto: Steven Rubin. **S. 46:** Peter Gaymann, © Cartoon Concept, Hannover. **S. 47:** Foto: Keri Pickett. **S. 48:** Josef Beuys, Mensch, © VG Bild-Kunst, Bonn 1998.

Texte

S. 1: Immanuel Kant, Werke in 12 Bänden, Bd. XII, Frankfurt am Main 1964, S. 767ff. **S. 2:** Wulf Schiefenhövel/Christian Vogel/Gerhard Vollmer: Das Humanum. Aus: Deutsches Institut für Fernstudienforschung an der Universität Tübingen (DIFF) (Hg.): Funkkolleg »Der Mensch – Anthropologie heute«. Studienbrief 1, Studieneinheit 1, S. 7, Tübingen 1992. **S. 3:** Erich Fried, Warngedichte. © 1979 Carl Hanser Verlag, München/Wien. **S. 4:** Wolfhart Pannenberg: Was ist der Mensch? Die Anthropologie der Gegenwart im Lichte der Theologie, Verlag Vandenhoeck & Ruprecht, Göttingen, 8. Aufl. 1995. **S. 5:** Herbert Grönemeyer, Keine Heimat, Grönland Musikverlag, Berlin. **S. 6/7:** Max Frisch: Fragebogen. Aus: Tagebuch 1961–1971. © Suhrkamp Verlag, Frankfurt am Main 1972, S. 382–385. **S. 8:** Eike Christian Hirsch: Mein Wort in Gottes Ohr. Ein Glaube, der Vernunft annimmt. © 1995 by Hoffmann und Campe Verlag, Hamburg, S. 11f. **S. 9:** Ernst Bloch. Aus: Das Prinzip Hoffnung. © Suhrkamp Verlag, Frankfurt am Main 1973. **S. 10:** Der Kleine Katechismus Doktor Martin Luthers. (GTB 1000). Gütersloher Verlagshaus. Gütersloh, 27. Auflage 1996. **S. 11:** Jürgen Jonas, Ich Möchtegern. Aus: Schwäbisches Tagblatt vom 14. März 1994. **S. 12/13:** Oliviero Toscani und Neil Postman: Darf man mit diesem Photo für Pullover werben? Aus: Süddeutsche Zeitung Magazin vom 9.10.1992. **S. 14:** Hermann Hesse. Aus: Lektüre für Minuten. © Suhrkamp Verlag, Frankfurt am Main 1971, S. 198. **S. 15/16/17:** Thomas Hobbes, Leviathan oder Stoff, Form und Gewalt eines bürgerlichen und kirchlichen Staates. Hrsg. und eingeleitet von Iring Fetscher, S. 95–98; 125–131. © 1976 Hermann Luchterhand Verlag GmbH & Co.KG, Darmstadt und Neuwied. Jetzt: Luchterhand Literaturverlag GmbH, München. **S. 18:** Heinrich Meier (Hg.): J.J. Rousseau: Diskurs über die Ungleichheit, Verlag Schöningh, Paderborn, 4., durchges. Auflage 1997 (= UTB 725). **S. 18:** Wilhelm Weischedel: Die philosophische Hintertreppe. © 1966 by Nymphenburger Verlag in der F.A. Herbig Verlagsbuchhandlung, München. **S. 19:** Dorothee Sölle: Gott denken. Eine Einführung in die Theologie, Kreuz Verlag, Stuttgart 1990, S. 77ff. **S. 20:** Aus: Gisela Graichen/Nanou Ellerbrock (Hg.): »... mir reicht's«. Gespräche mit Aussteigern, Hamburg 1981. **S. 23:** Rainer Schmidt: Deutschland, liebes Technoland. Aus: DIE ZEIT vom 19.7.1996. **S. 28/29:** Robert Walser. Aus: Poetenleben. © Suhrkamp Verlag Zürich/Frankfurt am Main 1978, mit Genehmigung der Inhaberin der Rechte, der Carl-Seelig-Stiftung, Zürich. **S. 30/31/33:** Hartwig von Schubert: Kain und Abel. Aus: G. Franzen, B. Penth (Hg.), Geschwistergeschichten, Konkret Literaturverlag, Hamburg. **S. 35:** Interview von Heike Schmoll mit dem jüdischen Publizisten Pinchas Lapide. © Südwestfunk Media GmbH, Baden-Baden. **S. 36/37:** Angelika Wagner: Wenn die Männer Frauen wären ... In: Angelika Wagner/Heidi Frasch/Elke Lamberti: Mann-Frau. Rollenklischees im Unterricht, München/Wien/Baltimore (Urban & Schwarzenberg) 1978, S. 14–19. **S. 38/39:** Viola Roggenkamp (Interview): Bloß nicht Emanze sein. Aus: DIE ZEIT vom 4.9.1992. **S. 40:** Ruedi Leuthold: Männer im Kindbett. Aus: DIE ZEIT vom 19.7.1991. **S. 42/43:** Siegfried Keil: Sexualität. Erkenntnisse und Maßstäbe, 1966. **S. 44/45:** Max Frisch. Aus: Tagebuch 1946-1949. © Suhrkamp Verlag, Frankfurt am Main 1950. **S. 45:** Aus: Bertolt Brecht, Gesammelte Werke. Geschichten von Herrn K., © Suhrkamp Verlag, Frankfurt am Main 1967.

ISBN 3-7668-3575-0
© 1998 by Calwer Verlag Stuttgart.
Alle Rechte vorbehalten. Die Vervielfältigung auch einzelner Teile, Texte oder Bilder – mit Ausnahme der in §§ 53, 54 UrhG ausdrücklich genannten Sonderfälle – gestattet das Urheberrecht nur, wenn sie mit dem in der Quellenangabe genannten Verlag bzw. Rechtsinhaber vorher vereinbart wurde.
Gestaltung, Layout und Satz: profil, Stuttgart, K. Sauerbier
Druck und Bindung: Druckhaus Beltz, Hemsbach

oben: Werbeanzeige, der das Motiv auf S. 22 entnommen wurde, *unten:* Teil 2 der Werbeanzeige, der das Motiv auf S. 20 entnommen wurde.